VORWORT

Die Sammlung "Alles wird gut!" von T&P Books ist für Menschen, die für Tourismus und Geschäftsreisen ins Ausland reisen. Die Sprachführer beinhalten, was am wichtigsten ist - die Grundlagen für eine grundlegende Kommunikation. Dies ist eine unverzichtbare Reihe von Sätzen um zu "überleben", während Sie im Ausland sind.

Dieser Sprachführer wird Ihnen in den meisten Fällen helfen, in denen Sie etwas fragen müssen, Richtungsangaben benötigen, wissen wollen wie viel etwas kostet usw. Es kann auch schwierige Kommunikationssituationen lösen, bei denen Gesten einfach nicht hilfreich sind.

Dieses Buch beinhaltet viele Sätze, die nach den wichtigsten Themen gruppiert wurden. Die Ausgabe enthält auch einen kleinen Wortschatz, der etwas 3.000 der am häufigsten verwendeten Wörter enthält. Ein weiterer Abschnitt des Sprachführers bietet ein gastronomisches Wörterbuch, das Ihnen helfen könnte, Essen in einem Restaurant zu bestellen oder Lebensmittel in einem Lebensmittelladen zu kaufen.

Nehmen Sie den "Alles wird gut" Sprachführer mit Ihnen auf die Reise und Sie werden einen unersetzlichen Begleiter haben, der Ihnen helfen wird, Ihren Weg aus jeder Situation zu finden und Ihnen beibringen wird keine Angst beim Sprechen mit Ausländern zu haben.

INHALTSVERZEICHNIS

T&P Books Publishing

Reisesprachführersammlung
"Alles wird gut!"

T&P Books Publishing

SPRACHFÜHRER
- SCHWEDISCH -

Andrey Taranov

Die nützlichsten Wörter und Sätze

Dieser Sprachführer
beinhaltet die häufigsten
Sätze und Fragen,
die für die grundlegende
Kommunikation mit
Ausländern benötigt wird

T&P BOOKS

Sprachführer + Wörterbuch mit 3000 Wörtern

Sprachführer Deutsch-Schwedisch und thematischer Wortschatz mit 3000 Wörtern

Von Andrey Taranov

Die Sammlung "Alles wird gut!" von T&P Books ist für Menschen, die für Tourismus und Geschäftsreisen ins Ausland reisen. Die Sprachführer beinhalten, was am wichtigsten ist - die Grundlagen für eine grundlegende Kommunikation. Dies ist eine unverzichtbare Reihe von Sätzen um zu "überleben", während Sie im Ausland sind.

Dieses Buch beinhaltet auch ein kleines Vokabular mit etwa 3000, am häufigsten verwendeten Wörtern. Ein weiterer Abschnitt des Sprachführers bietet ein gastronomisches Wörterbuch, das Ihnen helfen kann, Essen in einem Restaurant zu bestellen oder Lebensmittel im Lebensmittelladen zu kaufen.

T&P Books Publishing
www.tpbooks.com

ISBN: 978-1-78616-815-3

Dieses Buch ist auch im E-Book Format erhältlich.
Besuchen Sie uns auch auf www.tpbooks.com oder auf einer der bedeutenden Buchhandlungen online.

AUSSPRACHE

Buchstabe	Schwedisch Beispiel	T&P phonetisches Alphabet	Deutsch Beispiel
Aa	bada	[ɑ], [ɑː]	da, das
Bb	tabell	[b]	Brille
Cc [1]	licens	[s]	sein
Cc [2]	container	[k]	Kalender
Dd	andra	[d]	Detektiv
Ee	efter	[e]	Pferde
Ff	flera	[f]	fünf
Gg [3]	gömma	[j]	Jacke
Gg [4]	truga	[g]	gelb
Hh	handla	[h]	brauchbar
Ii	tillhöra	[iː], [ɪ]	Militärbasis
Jj	jaga	[j]	Jacke
Kk [5]	keramisk	[ɕ]	schieben
Kk [6]	frisk	[k]	Kalender
Ll	tal	[l]	Juli
Mm	medalj	[m]	Mitte
Nn	panik	[n]	nicht
Oo	tolv	[ɔ]	dort
Pp	plommon	[p]	Polizei
Qq	squash	[k]	Kalender
Rr	spelregler	[r]	richtig
Ss	spara	[s]	sein
Tt	tillhöra	[t]	still
Uu	ungefär	[u], [ʉː]	kurz, Gymnastik
Vv	overall	[v]	November
Ww [7]	kiwi	[w]	schwanger
Xx	sax	[ks]	Expedition
Yy	manikyr	[y], [yː]	über
Zz	zoolog	[s]	sein
Åå	sångare	[ə]	halte
Ää	tandläkare	[æ]	ärgern
Öö	kompositör	[ø]	können

5

Buchstabe   Schwedisch Beispiel   **T&P phonetisches   Deutsch Beispiel**
                                        Alphabet

Zusammensetzungen von Buchstaben

Buchstabe	Schwedisch Beispiel	T&P phonetisches Alphabet	Deutsch Beispiel
Ss [8]	sjösjuka	[ʃ]	Chance
sk [9]	skicka	[ʃ]	Chance
s [10]	först	[ʃ]	Chance
J j [11]	djärv	[j]	Jacke
Lj [12]	ljus	[j]	Jacke
kj, tj	kjol	[ɕ]	schieben
ng	omkring	[ŋ]	Känguru

Anmerkungen

[·]   **kj** ausgesprochen wie
[··]   **ng** übermittelt einen Nasallaut
[1]   vor **e, i, y**
[2]   anderswo
[3]   vor **e, i, ä, ö**
[4]   anderswo
[5]   vor **e, i, ä, ö**
[6]   anderswo
[7]   in Fremdwörtern
[8]   bei **sj, skj, stj**
[9]   vor betontem **e, i, y, ä, ö**
[10]   bei Kombination **rs**
[11]   bei **dj, hj, gj, kj**
[12]   am Wortanfang

LISTE DER ABKÜRZUNGEN

Deutsch. Abkürzungen

Adj	-	Adjektiv
Adv	-	Adverb
Amtsspr.	-	Amtssprache
f	-	Femininum
f, n	-	Femininum, Neutrum
Fem.	-	Femininum
m	-	Maskulinum
m, f	-	Maskulinum, Femininum
m, n	-	Maskulinum, Neutrum
Mask.	-	Maskulinum
n	-	Neutrum
pl	-	Plural
Sg.	-	Singular
ugs.	-	umgangssprachlich
unzähl.	-	unzählbar
usw.	-	und so weiter
v mod	-	Modalverb
vi	-	intransitives Verb
vi, vt	-	intransitives, transitives Verb
vt	-	transitives Verb
zähl.	-	zählbar
z.B.	-	zum Beispiel

Schwedisch. Abkürzungen

pl	-	Plural

Schwedisch. Die Artikel

den	-	gemeinsames Geschlecht
det	-	Neutrum
en	-	gemeinsames Geschlecht
ett	-	Neutrum

SCHWEDISCHER SPRACHFÜHRER

Dieser Teil beinhaltet wichtige Sätze, die sich in verschiedenen realen Situationen als nützlich erweisen können.
Der Sprachführer wird Ihnen dabei helfen nach dem Weg zu fragen, einen Preis zu klären, Tickets zu kaufen und Essen in einem Restaurant zu bestellen.

T&P Books Publishing

INHALT SPRACHFÜHRER

T&P Books Publishing

Das absolute Minimum

Entschuldigen Sie bitte, ...	**Ursäkta mig, ...** [ʉ:'ʂɛkta mɛj, ...]
Hallo.	**Hej** [hɛj]
Danke.	**Tack** [tak]
Auf Wiedersehen.	**Hej då** [hɛj do:]
Ja.	**Ja** [ja]
Nein.	**Nej** [nɛj]
Ich weiß nicht.	**Jag vet inte.** [ja vet 'intə]
Wo? | Wohin? | Wann?	**Var? I Vart? I När?** [var? | va:ʈ? | nɛr?]

Ich brauche ...	**Jag behöver ...** [ja be'høvər ...]
Ich möchte ...	**Jag vill ...** [ja vilʲ ...]
Haben Sie ...?	**Har du ...?** [har dʉ: ...?]
Gibt es hier ...?	**Finns det ... här?** [fins dɛ ... hæ:r?]
Kann ich ...?	**Får jag ... ?** [for ja: ...?]
Bitte (anfragen)	**..., tack** [..., tak]

Ich suche ...	**Jag letar efter ...** [ja 'lʲetar 'ɛftər ...]
die Toilette	**en toalett** [en tua'lʲet]
den Geldautomat	**en uttagsautomat** [en ʉ:'ta:gs auto'mat]
die Apotheke	**ett apotek** [et apʉ'tek]
das Krankenhaus	**ett sjukhus** [et 'ɧʉ:khʉs]
die Polizeistation	**en polisstation** [en po'lis sta'ɧu:n]
die U-Bahn	**tunnelbanan** ['tʉnəlʲ 'ba:nan]

das Taxi	**en taxi** [en 'taksi]
den Bahnhof	**en tågstation** [en 'to:g sta'ɧu:n]

Ich heiße ...	**Jag heter ...** [ja 'hetər ...]
Wie heißen Sie?	**Vad heter du?** [vad 'hetər dʉ:?]
Helfen Sie mir bitte.	**Skulle du kunna hjälpa mig?** ['skʉlʲe dʉ: 'kuna 'jɛlʲpa mɛj?]
Ich habe ein Problem.	**Jag har ett problem.** [ja har et prɔ'blʲem]
Mir ist schlecht.	**Jag mår inte bra.** [ja mor 'intə brɑ:]
Rufen Sie einen Krankenwagen!	**Ring efter en ambulans!** ['riŋ 'ɛftər en ambʉ'lʲans!]
Darf ich telefonieren?	**Får jag ringa ett samtal?** [for ja 'riŋa et 'sa:mtalʲ?]

Entschuldigung.	**Jag är ledsen.** [ja ær 'lʲesən]
Keine Ursache.	**Ingen orsak.** ['iŋen 'u:ʂak]

ich	**Jag, mig** [ja, mɛj]
du	**du** [dʉ]
er	**han** [han]
sie	**hon** [hon]
sie (Pl, Mask.)	**de:** [de:]
sie (Pl, Fem.)	**de:** [de:]
wir	**vi** [vi:]
ihr	**ni** [ni]
Sie	**du, Ni** [dʉ:, ni:]

EINGANG	**INGÅNG** ['iŋo:ŋ]
AUSGANG	**UTGÅNG** ['ʉtgo:ŋ]
AUßER BETRIEB	**UR FUNKTION** [ʉ:r fʉnk'ɧu:n]
GESCHLOSSEN	**STÄNGT** ['stɛŋt]

13

OFFEN	**ÖPPET** ['øpet]
FÜR DAMEN	**FÖR KVINNOR** [før 'kvinor]
FÜR HERREN	**FÖR MÄN** [før mɛn]

Fragen

Wo?	**Var?** [var?]
Wohin?	**Vart?** [va:ʈ?]
Woher?	**Varifrån?** ['varifron?]
Warum?	**Varför?** ['va:fø:r?]
Wozu?	**Av vilken anledning?** [a:v 'vilˡkən an'lˡednin?]
Wann?	**När?** [nɛr?]

Wie lange?	**Hur länge?** [hʉ: 'lˡɛŋə?]
Um wie viel Uhr?	**Vilken tid?** ['vilˡkən tid?]
Wie viel?	**Hur länge?** [hʉ: 'lˡɛŋə?]
Haben Sie ...?	**Har du ...?** [har dʉ: ...?]
Wo befindet sich ...?	**Var finns ...?** [var fins ...?]

Wie spät ist es?	**Vad är klockan?** [vad ær 'klˡokan?]
Darf ich telefonieren?	**Får jag ringa ett samtal?** [for ja 'riŋa et 'sa:mtalˡ?]
Wer ist da?	**Vem är det?** [vem ær dɛ?]
Darf ich hier rauchen?	**Får jag röka här?** [for ja 'røka hæ:r?]
Darf ich ...?	**Får jag ...?** [for ja: ...?]

Bedürfnisse

Ich hätte gerne …	**Jag skulle vilja …** [ja 'skɵlʲe 'vilja …]
Ich will nicht …	**Jag vill inte …** [ja vilʲ 'intə …]
Ich habe Durst.	**Jag är törstig.** [ja ær 'tøːʂtig]
Ich möchte schlafen.	**Jag vill sova.** [ja vilʲ 'soːva]

Ich möchte …	**Jag vill …** [ja vilʲ …]
abwaschen	**tvätta mig** ['tvɛta mɛj]
mir die Zähne putzen	**borsta tänderna** ['boːʂta 'tɛndeɳa]
eine Weile ausruhen	**vila en stund** ['vilʲa en stund]
meine Kleidung wechseln	**att byta kläder** [at 'byta 'klʲɛːdər]

zurück ins Hotel gehen	**gå tillbaka till hotellet** ['go tilʲ'baka tilʲ ho'telʲet]
kaufen …	**köpa …** ['ɕøpa …]
gehen …	**ta mig till …** [ta mɛj tilʲ …]
besuchen …	**besöka …** [be'søka …]
treffen …	**träffa …** ['trɛfa …]
einen Anruf tätigen	**ringa ett samtal** ['riŋa et 'samtalʲ]

Ich bin müde.	**Jag är trött.** [ja ær trøt]
Wir sind müde.	**Vi är trötta.** [viː ær 'trøta]
Mir ist kalt.	**Jag fryser.** [ja 'frysər]
Mir ist heiß.	**Jag är varm.** [ja ær varm]
Mir passt es.	**Jag är okej.** [ja ær ɔ'kej]

Ich muss telefonieren.

Jag behöver ringa ett samtal.
[ja be'høvər 'riŋa et 'samtalʲ]

Ich muss auf die Toilette.

Jag behöver gå på toaletten.
[ja be'høvər go pɔ tua'lʲetən]

Ich muss gehen.

Jag måste ge mig av.
[ja 'mostə je mɛj av]

Ich muss jetzt gehen.

Jag måste ge mig av nu.
[ja 'mostə je mɛj av nʉ:]

Wie man nach dem Weg fragt

Entschuldigen Sie bitte, ...	**Ursäkta mig, ...** [ʉ:'ʂɛkta mɛj, ...]
Wo befindet sich ...?	**Var finns ...?** [var fins ...?]
Welcher Weg ist ...?	**Åt vilket håll ligger ...?** [ot 'vilʲket holʲ 'ligər ...?]
Könnten Sie mir bitte helfen?	**Skulle du kunna hjälpa mig?** ['skɵlʲe dʉ: 'kuna 'jɛlʲpa mɛj?]

Ich suche ...	**Jag letar efter ...** [ja 'lʲetar 'ɛftər ...]
Ich suche den Ausgang.	**Jag letar efter utgången.** [ja 'lʲetar 'ɛftər 'ɵtgo:ŋən]
Ich fahre nach ...	**Jag ska till ...** [ja ska tilʲ ...]
Gehe ich richtig nach ...?	**Är jag på rätt väg till ...?** [ɛr ja pɔ rɛt vɛg tilʲ ...?]

Ist es weit?	**Är det långt?** [ɛr dɛ 'lʲo:ŋt?]
Kann ich dort zu Fuß hingehen?	**Kan jag ta mig dit till fots?** [kan ja ta mɛj dit tilʲ 'fots?]
Können Sie es mir auf der Karte zeigen?	**Kan du visa mig på kartan?** [kan dʉ: 'vi:sa mɛj pɔ 'ka:ʈan?]
Zeigen Sie mir wo wir gerade sind.	**Kan du visa mig var vi är nu.** [kan dʉ: 'vi:sa mɛj var vi ær nʉ:]

Hier	**Här** [hæ:r]
Dort	**Där** [dɛr]
Hierher	**Den här vägen** [den hæ:r 'vɛgən]

Biegen Sie rechts ab.	**Sväng höger.** ['svɛŋ 'høgər]
Biegen Sie links ab.	**Sväng vänster.** ['svɛŋ 'vɛnstər]
erste (zweite, dritte) Abzweigung	**första (andra, tredje) sväng** ['fø:ʂta ('andra, 'tre:dje) svɛŋ]
nach rechts	**till höger** [tilʲ 'høgər]

nach links

till vänster
[tilʲ 'vɛnstər]

Laufen Sie geradeaus.

Gå rakt fram.
['go rakt fram]

Schilder

HERZLICH WILLKOMMEN!	**VÄLKOMMEN!** ['vɛlʲkomən!]
EINGANG	**INGÅNG** ['iŋoːŋ]
AUSGANG	**UTGÅNG** ['ʉtgoːŋ]
DRÜCKEN	**TRYCK** [trʏk]
ZIEHEN	**DRA** [draː]
OFFEN	**ÖPPET** ['øpet]
GESCHLOSSEN	**STÄNGT** ['stɛŋt]
FÜR DAMEN	**FÖR KVINNOR** [før 'kvinor]
FÜR HERREN	**FÖR MÄN** [før mɛn]
HERREN-WC	**HERRAR** ['hɛrrar]
DAMEN-WC	**DAMER** ['damər]
RABATT | REDUZIERT	**RABATT** [ra'bat]
AUSVERKAUF	**REA** ['rea]
GRATIS	**GRATIS** ['gratis]
NEU!	**NYHET!** ['nyhet!]
ACHTUNG!	**VARNING!** ['varniŋ!]
KEINE ZIMMER FREI	**FULLBOKAT** [fʉlʲ'bokat]
RESERVIERT	**RESERVERAT** [resɛr'verat]
VERWALTUNG	**DIREKTÖR** [direk'tør]
NUR FÜR PERSONAL	**ENDAST PERSONAL** ['ɛndast pɛːʂo'nalʲ]

BISSIGER HUND	**VARNING FÖR HUNDEN!** ['varniŋ før 'hʉndən!]
RAUCHEN VERBOTEN!	**RÖKNING FÖRBJUDET!** ['røkniŋ før'bjʉ:det!]
NICHT ANFASSEN!	**RÖR EJ!** [rør ɛj!]
GEFÄHRLICH	**FARLIGT** ['fa:l̦igt]
GEFAHR	**FARA** ['fa:ra]
HOCHSPANNUNG	**HÖGSPÄNNING** ['høgspɛniŋ]
BADEN VERBOTEN	**BAD FÖRBJUDET!** [bad før'bjʉ:det!]

AUßER BETRIEB	**UR FUNKTION** [ʉ:r fʉnk'ʃu:n]
LEICHTENTZÜNDLICH	**BRANDFARLIGT** ['brand 'fa:ligt]
VERBOTEN	**FÖRBJUDET** [før'bjʉ:det]
DURCHGANG VERBOTEN	**TILLTRÄDE FÖRBJUDET!** [til̦ᵗtrɛdə før'bjʉ:det!]
FRISCH GESTRICHEN	**NYMÅLAT** ['nymol̦at]

WEGEN RENOVIERUNG GESCHLOSSEN	**STÄNGT FÖR RENOVERING** ['stɛŋt før reno'veriŋ]
ACHTUNG BAUARBEITEN	**VÄGARBETE** ['vɛ:g ar'betə]
UMLEITUNG	**OMLEDNINGSVÄG** [ɔ:m'l̦edniŋs vɛg]

Transport - Allgemeine Phrasen

Flugzeug	**plan** [plʲan]
Zug	**tåg** [toːg]
Bus	**buss** [bus]
Fähre	**färja** ['fæːrja]
Taxi	**taxi** ['taksi]
Auto	**bil** [bilʲ]

Zeitplan	**tidtabell** ['tid ta'bɛlʲ]
Wo kann ich den Zeitplan sehen?	**Var kan jag se tidtabellen?** [var kan ja se tidːta'bɛlʲen?]
Arbeitstage	**vardagar** [vaːrˈdaːgar]
Wochenenden	**helger** ['heljer]
Ferien	**helgdagar** ['helʲjˈdaːgar]

ABFLUG	**AVGÅNGAR** ['avgoːŋar]
ANKUNFT	**ANKOMSTER** ['ankomstər]
VERSPÄTET	**FÖRSENAD** [føːˈʂenad]
GESTRICHEN	**INSTÄLLD** ['instɛlʲd]

nächste (Zug, usw.)	**nästa** ['nɛsta]
erste	**första** ['føːʂta]
letzte	**sista** ['sista]

Wann kommt der Nächste ...?	**När går nästa ...?** [nɛr goːr 'nɛsta ...?]
Wann kommt der Erste ...?	**När går första ...?** [nɛr goːr 'føːʂta ...?]

Wann kommt der Letzte ...?

När går sista ...?
[nɛr goːr 'sista ...?]

Transfer

byte
['byte]

einen Transfer machen

att göra ett byte
[at 'jøra et 'bytə]

Muss ich einen Transfer machen?

Behöver jag byta?
[be'høvər ja 'byta?]

Eine Fahrkarte kaufen

Wo kann ich Fahrkarten kaufen?	**Var kan jag köpa biljetter?** [var kan ja 'çøpa bi'lʲetər?]
Fahrkarte	**biljett** [bi'lʲet]
Eine Fahrkarte kaufen	**att köpa en biljett** [at 'çøpa en bi'lʲet]
Fahrkartenpreis	**biljettpris** [bi'lʲet pris]

Wohin?	**Vart?** [vaːt?]
Welche Station?	**Till vilken station?** [tilʲ 'vilʲkən sta'ɧuːn?]
Ich brauche ...	**Jag behöver ...** [ja be'høvər ...]
eine Fahrkarte	**en biljett** [en bi'lʲet]
zwei Fahrkarten	**två biljetter** [tvoː bi'lʲetər]
drei Fahrkarten	**tre biljetter** [tre bi'lʲetər]

in eine Richtung	**enkel** ['ɛnkəlʲ]
hin und zurück	**tur och retur** ['tʉːr ɔ re'tʉːr]
erste Klasse	**första klass** ['føːʂta klʲas]
zweite Klasse	**andra klass** ['andra klʲas]

heute	**idag** [idaːg]
morgen	**imorgon** [i'mɔrgɔn]
übermorgen	**i övermorgon** [i 'øːvəˌmɔrgɔn]
am Vormittag	**på morgonen** [pɔ 'mɔrgɔnən]
am Nachmittag	**på eftermiddagen** [pɔ 'ɛftə mid'dagən]
am Abend	**på kvällen** [pɔ 'kvɛlʲen]

Gangplatz

gångplats
[goːŋ plʲats]

Fensterplatz

fönsterplats
['fønstə plʲats]

Wie viel?

Hur mycket?
[hʉː 'mʏke?]

Kann ich mit Karte zahlen?

Kan jag betala med kreditkort?
[kan ja be'talʲa me kre'dit koːt?]

Bus

Bus	buss [bus]
Fernbus	långfärdsbuss ['lɔɲfɛrds̩bus]
Bushaltestelle	busshållplats ['bus 'hɔlʲplʲats]
Wo ist die nächste Bushaltestelle?	Var finns närmsta busshållplats? [var fins 'nɛrmsta 'bus 'hɔlʲplʲats?]

Nummer	nummer ['numər]
Welchen Bus nehme ich um nach ... zu kommen?	Vilken buss kan jag ta till ...? ['vilʲkən bus kan ja ta tilʲ ...?]
Fährt dieser Bus nach ...?	Går den här bussen till ...? [goːr den hæːr 'busən tilʲ ...?]
Wie oft fahren die Busse?	Hur ofta går bussarna? [huː 'ofta goːr 'busarna?]

alle fünfzehn Minuten	var femtonde minut [var 'femtondə mi'nʉːt]
jede halbe Stunde	varje halvtimme ['varjə 'halʲv̩timə]
jede Stunde	en gång i timmen [en goːŋ i 'timən]
mehrmals täglich	flera gånger om dagen ['flʲera 'goːŋər om 'dagən]
... Mal am Tag	... gånger om dagen [... 'goːŋər om 'dagən]

Zeitplan	tidtabell ['tid ta'bɛlʲ]
Wo kann ich den Zeitplan sehen?	Var kan jag se tidtabellen? [var kan ja se tid ta'bɛlʲen?]
Wann kommt der nächste Bus?	När går nästa buss? [nɛr goːr 'nɛsta bus?]
Wann kommt der erste Bus?	När går första bussen? [nɛr goːr 'føːʂta 'busən?]
Wann kommt der letzte Bus?	När går sista bussen? [nɛr goːr 'sista 'busən?]

Halt	hållplats ['hɔlʲ̩plʲats]
Nächster Halt	nästa hållplats ['nɛsta 'hɔlʲplʲats]

Letzter Halt

sista hållplatsen
['sista 'holʲplʲatsən]

Halten Sie hier bitte an.

Vill du vara snäll och stanna här, tack.
[vilʲ dʉ: 'va:ra snɛlʲ o 'stana hæ:r, tak]

Entschuldigen Sie mich,
dies ist meine Haltestelle.

Ursäkta mig, detta är min hållplats.
[ʉ:'ʂɛkta mɛj, 'deta ær min 'holʲplʲats]

Zug

Zug	**tåg** [toːg]
S-Bahn	**lokaltåg** [lʲoˈkalʲ toːg]
Fernzug	**fjärrtåg** [ˈfʲæˌrtoːg]
Bahnhof	**tågstation** [ˈtoːg staˈʧuːn]
Entschuldigen Sie bitte, wo ist der Ausgang zum Bahngleis?	**Ursäkta mig, var är utgången** **till perrongen?** [ʉˈsɛkta mɛj, var ær ˈʉtgoːŋən tilʲ peˈroŋən?]

Fährt dieser Zug nach …?	**Går det här tåget till …?** [goːr dɛ hæːr ˈtoːget tilʲ …?]
nächste Zug	**nästa tåg** [ˈnɛsta toːg]
Wann kommt der nächste Zug?	**När går nästa tåg?** [nɛr goːr ˈnɛsta toːg?]
Wo kann ich den Zeitplan sehen?	**Var kan jag se tidtabellen?** [var kan ja se tid tabɛlʲen?]
Von welchem Bahngleis?	**Från vilken perrong?** [fron ˈvilʲkən peˈroŋ?]
Wann kommt der Zug in … an?	**När ankommer tåget till …?** [nɛr ˈankomer ˈtoːget tilʲ …?]

Helfen Sie mir bitte.	**Snälla hjälp mig.** [ˈsnɛlʲa jɛlʲp mɛj]
Ich suche meinen Platz.	**Jag letar efter min plats.** [ja ˈlʲetar ˈɛftər min plʲats]
Wir suchen unsere Plätze.	**Vi letar efter våra platser.** [vi ˈlʲetar ˈɛftə ˈvoːra ˈplʲatsər]
Unser Platz ist besetzt.	**Min plats är upptagen.** [min plʲats ær upˈtaːgen]
Unsere Plätze sind besetzt.	**Våra platser är upptagna.** [ˈvoːra ˈplʲatsər ær upˈtagna]
Entschuldigen Sie, aber das ist mein Platz.	**Jag är ledsen, men det här** **är min plats.** [ja ær ˈlʲesən, men dɛ hæːr ær min plʲats]

Ist der Platz frei?

Är den här platsen upptagen?
[ɛr den hæ:r 'pl⁀atsən up'ta:gən?]

Darf ich mich hier setzen?

Kan jag sitta här?
[kan ja 'sita hæ:r?]

Im Zug - Dialog (Keine Fahrkarte)

Fahrkarte bitte.	**Biljetten, tack.** [bi'lʲetən, tak]
Ich habe keine Fahrkarte.	**Jag har ingen biljett.** [ja har 'iŋen bi'lʲet]
Ich habe meine Fahrkarte verloren.	**Jag har förlorat min biljett.** [ja har føːˈlʲorat min bi'lʲet]
Ich habe meine Fahrkarte zuhause vergessen.	**Jag har glömt min biljett hemma.** [ja har 'glʲømt min bi'lʲet 'hɛma]
Sie können von mir eine Fahrkarte kaufen.	**Du kan köpa biljett av mig.** [dɯː kan 'ɕøpa bi'lʲet av mɛj]
Sie werden auch eine Strafe zahlen.	**Du kommer också behöva betala böter.** [dɯː 'komər 'ukso be'høva be'talʲa 'bøtər]
Gut.	**Okej.** [ɔ'kej]
Wohin fahren Sie?	**Vart ska du?** [vaːʈ ska: dɯː?]
Ich fahre nach ...	**Jag ska till ...** [ja ska tilʲ ...]
Wie viel? Ich verstehe nicht.	**Hur mycket? Jag förstår inte.** [hɯː 'mʏke? ja føːˈʂtoːr 'intə]
Schreiben Sie es bitte auf.	**Vill du skriva det.** [vilʲ dɯː 'skriːva dɛ]
Gut. Kann ich mit Karte zahlen?	**Bra. Kan jag betala med kreditkort?** [bra:. kan ja be'talʲa me kre'dit koːʈ?]
Ja, das können Sie.	**Ja, det kan du.** [ja, dɛ kan dɯː]
Hier ist ihre Quittung.	**Här är ert kvitto.** [hæːr ær eːʈ 'kvito]
Tut mir leid wegen der Strafe.	**Jag beklagar bötesavgiften.** [ja be'klʲagar bøtesav 'jiftən]
Das ist in Ordnung. Es ist meine Schuld.	**Det är okej. Det var mitt fel.** [de: ær ɔ'kej. dɛ var mit felʲ]
Genießen Sie Ihre Fahrt.	**Ha en trevlig resa.** [ha en 'trɛvlig 'resa]

Taxi

Taxi	**taxi** ['taksi]
Taxifahrer	**taxichaufför** ['taksi ʂoˈføːr]
Ein Taxi nehmen	**att ta en taxi** [at ta en 'taksi]
Taxistand	**taxistation** ['taksi staˈɧuːn]
Wo kann ich ein Taxi bekommen?	**Var kan jag få tag på en taxi?** [var kan ja fo tag pɔ en 'taksi?]

Ein Taxi rufen	**att ringa en taxi** [at 'riŋa en 'taksi]
Ich brauche ein Taxi.	**Jag behöver en taxi.** [ja beˈhøvər en 'taksi]
Jetzt sofort.	**Omedelbart.** [uˈmedelˈbaːt]
Wie ist Ihre Adresse? (Standort)	**Vad har du för adress?** [vad har dʉː før aˈdrɛs?]
Meine Adresse ist ...	**Min adress är ...** [min aˈdrɛs ær ...]
Ihr Ziel?	**Vart ska du åka?** [vaːʈ skaː dʉ: oka?]
Entschuldigen Sie bitte, ...	**Ursäkta mig, ...** [ʉːˈʂɛkta mɛj, ...]
Sind Sie frei?	**Är du ledig?** [ɛr dʉː 'lʲeːdig?]
Was kostet die Fahrt nach ...?	**Vad kostar det att åka till ...?** [vad 'kostar dɛ at 'oːka tilʲ ...?]
Wissen Sie wo es ist?	**Vet du var det ligger?** [vet dʉː var dɛ 'ligər?]

Flughafen, bitte.	**Till flygplatsen, tack.** [tilʲ 'flʲyg 'plʲatsən, tak]
Halten Sie hier bitte an.	**Kan du stanna här, tack.** [kan dʉː 'stana hæːr, tak]
Das ist nicht hier.	**Det är inte här.** [deː ær 'intə hɛr]
Das ist die falsche Adresse.	**Det här är fel adress.** [deː hæːr ær felʲ adˈrɛs]
nach links	**Sväng vänster.** ['svɛŋ 'vɛnstər]
nach rechts	**Sväng höger.** ['svɛŋ 'høgər]

Was schulde ich Ihnen?	**Hur mycket är jag skyldig?** [hɵ: 'mʏke ær ja 'ɧʏlʲdig?]
Ich würde gerne ein Quittung haben, bitte.	**Jag skulle vilja ha ett kvitto, tack.** [ja 'skɵlʲe 'vilja ha et 'kvito, tak]
Stimmt so.	**Behåll växeln.** [beˈhɔlʲ 'vɛkselʲn]

Warten Sie auf mich bitte	**Vill du vara vänlig och vänta på mig?** [vilʲ dɵ: 'va:ra 'vɛnlig o vɛnta pɔ mɛj?]
fünf Minuten	**fem minuter** [fem miˈnɵ:tər]
zehn Minuten	**tio minuter** ['ti:o miˈnɵ:tər]
fünfzehn Minuten	**femton minuter** ['femtɔn miˈnɵ:tər]
zwanzig Minuten	**tjugo minuter** ['ɕɵ:go miˈnɵ:tər]
eine halbe Stunde	**en halvtimme** [en 'halʲv'timə]

Hotel

Guten Tag.	**Hej** [hɛj]
Mein Name ist …	**Jag heter …** [ja 'hetər …]
Ich habe eine Reservierung.	**Jag har bokat.** [ja har 'bokat]

Ich brauche …	**Jag behöver …** [ja be'høvər …]
ein Einzelzimmer	**ett enkelrum** [et 'ɛnkəlʲ ru:m]
ein Doppelzimmer	**ett dubbelrum** [et 'dubəlʲ ru:m]
Wie viel kostet das?	**Hur mycket kostar det?** [hʉ: 'mʏke 'kostar dɛ?]
Das ist ein bisschen teuer.	**Det är lite dyrt.** [de: ær 'lʲite dy:t]

Haben Sie sonst noch etwas?	**Har du några andra alternativ?** [har dʉ: 'nogra 'andra alʲterna'tiv?]
Ich nehme es.	**Jag tar det.** [ja tar dɛ]
Ich zahle bar.	**Jag betalar kontant.** [ja be'talʲar kon'tant]

Ich habe ein Problem.	**Jag har ett problem.** [ja har et prɔ'blʲem]
Mein … ist kaputt.	**… är trasig.** [… ær 'trasig]
Mein … ist außer Betrieb.	**… fungerar inte.** [… fʉ'ŋerar 'intə]
Fernseher	**min TV** [min 'teve]
Klimaanlage	**min luftkonditionering** [min 'lʲʉft kondiŋu'nɛriŋ]
Wasserhahn	**min kran** [min kran]

Dusche	**min dusch** [min duʂ]
Waschbecken	**mitt handfat** [mit 'handfa:t]
Safe	**mitt kassaskåp** [mit 'kasa‚sko:p]

Türschloss	**mitt dörrlås** [mit 'dørlʲos]
Steckdose	**mitt eluttag** [mit ɛlʲ'ʉːtag]
Föhn	**min hårtork** [min 'hoːʈork]

Ich habe kein …	**Jag har …** [ja har …]
Wasser	**inget vatten** ['iŋet 'vatən]
Licht	**inget ljus** ['iŋet jʉːs]
Strom	**ingen elektricitet** [iŋen ɛlʲektrisi'tet]

Können Sie mir … geben?	**Skulle du kunna ge mig …?** ['skʉlʲe dʉ: 'kuna je mɛj …?]
ein Handtuch	**en handduk** [en 'haŋdʉːk]
eine Decke	**en filt** [en filʲt]
Hausschuhe	**tofflor** ['toflʲor]
einen Bademantel	**en badrock** [en 'badrok]
etwas Shampoo	**schampo** ['ʂampo]
etwas Seife	**tvål** [tvoːlʲ]

Ich möchte ein anderes Zimmer haben.	**Jag skulle vilja byta rum.** [ja 'skʉlʲe 'vilja 'byːta ruːm]
Ich kann meinen Schlüssel nicht finden.	**Jag hittar inte min nyckel.** [ja 'hitar 'inte min 'nʏkəlʲ]
Machen Sie bitte meine Tür auf	**Skulle du kunna öppna mitt rum, tack?** ['skʉlʲe dʉ: 'kuna 'øpna mit rum, tak?]
Wer ist da?	**Vem är det?** [vem ær dɛ?]
Kommen Sie rein!	**Kom in!** [kom 'in!]
Einen Moment bitte!	**Ett ögonblick!** [et 'øːgɔnblik!]
Nicht jetzt bitte.	**Inte just nu, tack.** ['inte jʉst nʉ:, tak]
Kommen Sie bitte in mein Zimmer.	**Kom till mitt rum, tack.** [kom tilʲ mit ruːm, tak]
Ich würde gerne Essen bestellen.	**Jag skulle vilja beställa mat via rumsservice.** [ja 'skʉlʲe 'vilja be'stɛlʲa mat via 'ruːmsøːvis]

Meine Zimmernummer ist …	**Mitt rumsnummer är …** [mit 'ruːms'nʉmer ær …]
Ich reise … ab.	**Jag reser …** [ja 'reːsər …]
Wir reisen … ab.	**Vi reser …** [vi: 'reːsər …]
jetzt	**just nu** ['jʉst nʉː]
diesen Nachmittag	**i eftermiddag** [i 'ɛftə mid'daːg]
heute Abend	**ikväll** [iːkvɛlʲ]
morgen	**imorgon** [i'mɔrgɔn]
morgen früh	**imorgon på morgonen** [i'mɔrgɔn pɔ 'mɔrgɔnən]
morgen Abend	**imorgon på kvällen** [i'mɔrgɔn pɔ 'kvɛlʲen]
übermorgen	**i övermorgon** [i 'øːvəˌmɔrgɔn]

Ich möchte die Zimmerrechnung begleichen.	**Jag skulle vilja betala.** [ja 'skʉlʲe 'vilja be'taːlʲa]
Alles war wunderbar.	**Allt var fantastiskt.** [alʲt var fan'tastiskt]
Wo kann ich ein Taxi bekommen?	**Var kan jag få tag på en taxi?** [var kan ja fo tag pɔ en 'taksi?]
Würden Sie bitte ein Taxi für mich holen?	**Skulle du vilja vara snäll och ringa en taxi åt mig?** ['skʉlʲe dʉː vilja 'vaːra snɛlʲ o 'riŋa en 'taksi ot mɛj?]

Restaurant

Könnte ich die Speisekarte sehen bitte?
Kan jag få se menyn, tack?
[kan ja fo se me'nyn, tak?]

Tisch für einen.
Ett bord för en.
[et bo:d før en]

Wir sind zu zweit (dritt, viert).
Vi är två (tre, fyra) personer.
[vi: ær tvo: (tre, 'fy:ra) pɛ:'ṣu:nər]

Raucher
Rökare
['røkarə]

Nichtraucher
Icke rökare
['ike røkarə]

Entschuldigen Sie mich!
(Einen Kellner ansprechen)
Ursäkta!
[ʉ:'ṣɛkta!]

Speisekarte
meny
[me'ny:]

Weinkarte
vinlista
['vi:nlista]

Die Speisekarte bitte.
Menyn, tack.
[me'nyn, tak]

Sind Sie bereit zum bestellen?
Är ni redo att beställa?
[ɛr ni 'redo at be'stɛlʲa?]

Was würden Sie gerne haben?
Vad önskar du?
[vad 'ønskar dʉ:?]

Ich möchte ...
Jag tar ...
[ja tar ...]

Ich bin Vegetarier.
Jag är vegetarian.
[ja ær vegetari'a:n]

Fleisch
kött
[ɕø:t]

Fisch
fisk
['fisk]

Gemüse
grönsaker
['grøn'sakər]

Haben Sie vegetarisches Essen?
Har ni vegetariska rätter?
[har ni vege'ta:riska 'rɛtər?]

Ich esse kein Schweinefleisch.
Jag äter inte kött.
[ja 'ɛ:ter 'intə ɕøt]

Er /Sie/ isst kein Fleisch.
Han /hon/ äter inte kött.
[han /hon/ 'ɛ:tər 'intə ɕøt]

Ich bin allergisch auf ...
Jag är allergisk mot ...
[ja ær a'lʲɛrgisk mut ...]

Könnten Sie mir bitte ... Bringen.	**Skulle du kunna ge mig ...** ['skʉlʲe dʉ: 'kʉna je mɛj ...]
Salz | Pfeffer | Zucker	**salt I peppar I socker** [salʲt | 'pepar | 'sokər]
Kaffee | Tee | Nachtisch	**kaffe I te I dessert** ['kafə | te | de'sɛ:r]
Wasser | Sprudel | stilles	**vatten I kolsyrat I icke kolsyrat** ['vaten | 'kɔlʲ'sy:rat | 'ike 'kɔlʲ'sy:rat]
einen Löffel | eine Gabel | ein Messer	**en sked I gaffel I kniv** [en ʃed | 'gafəlʲ | kni:v]
einen Teller | eine Serviette	**en tallrik I servett** [en 'talʲrik | ser'vet]

Guten Appetit!	**Smaklig måltid!** ['smaklig 'molʲtid!]
Noch einen bitte.	**En /Ett/ ... till tack.** [en /et/ ... tilʲ tak]
Es war sehr lecker.	**Det var utsökt.** [dɛ var 'ʉtsøkt]

Scheck | Wechselgeld | Trinkgeld	**nota I växel I dricks** ['no:ta | 'vɛksəlʲ | driks]
Zahlen bitte.	**Notan, tack.** ['no:tan, tak]
Kann ich mit Karte zahlen?	**Kan jag betala med kreditkort?** [kan ja be'talʲa me kre'dit ko:ʈ?]
Entschuldigen Sie, hier ist ein Fehler.	**Jag beklagar, det är ett misstag här.** [ja be'klʲagar, dɛ ær et 'mistag hæ:r]

Einkaufen

Kann ich Ihnen behilflich sein?	**Kan jag hjälpa dig?** [kan ja 'jɛlʲpa dɛj?]
Haben Sie ...?	**Har ni ...?** [har ni ...?]
Ich suche ...	**Jag letar efter ...** [ja 'lʲetar 'ɛftər ...]
Ich brauche ...	**Jag behöver ...** [ja be'høvər ...]

Ich möchte nur schauen.	**Jag tittar bara.** [ja 'titar 'baːra]
Wir möchten nur schauen.	**Vi tittar bara.** [vi 'titar 'baːra]
Ich komme später noch einmal zurück.	**Jag kommer tillbaka senare.** [ja 'komər tilʲ'baka 'senarə]
Wir kommen später vorbei.	**Vi kommer tillbaka senare.** [vi 'komer tilʲ'baka 'senarə]
Rabatt | Ausverkauf	**rabatt I rea** [ra'bat | 're:a]

Zeigen Sie mir bitte ...	**Skulle du kunna visa mig ...** ['skɵlʲe dɵː 'kuna 'viːsa mɛj ...]
Geben Sie mir bitte ...	**Skulle du kunna ge mig ...** ['skɵlʲe dɵː 'kuna je mɛj ...]
Kann ich es anprobieren?	**Kan jag prova?** [kan ja 'pruːva?]
Entschuldigen Sie bitte, wo ist die Anprobe?	**Ursäkta mig, var finns provrummen?** [ɵ:'ʂɛkta mɛj, var fins 'pruvˌrumən?]
Welche Farbe mögen Sie?	**Vilken färg vill du ha?** ['vilʲkən 'fæːrj vilʲ dɵː ha?]
Größe | Länge	**storlek I längd** ['storlʲek | lʲɛŋd]
Wie sitzt es?	**Hur sitter den?** [hɵː 'sitər den?]

Was kostet das?	**Hur mycket kostar det?** [hɵː 'mʏke 'kostar dɛ?]
Das ist zu teuer.	**Det är för dyrt.** [de: ær før dyːt]
Ich nehme es.	**Jag tar den (det, dem).** [ja tar den (dɛ, dem)]
Entschuldigen Sie bitte, wo ist die Kasse?	**Ursäkta mig, var betalar man?** [ɵ:'ʂɛkta mɛj, var be'talʲar man?]

Zahlen Sie Bar oder mit Karte?

Betalar du kontant eller med kreditkort?
[be'tal'ar dʉ: kon'tant el'e me kre'dit ko:ʈ?]

in Bar | mit Karte

Kontant I med kreditkort
[kon'tant | me kre'dit ko:ʈ]

Brauchen Sie die Quittung?

Vill du ha kvittot?
[vil' dʉ: ha: 'kvitot?]

Ja, bitte.

Ja, tack.
[ja, tak]

Nein, es ist ok.

Nej, det behövs inte.
[nɛj, dɛ bɛhøvs 'inte]

Danke. Einen schönen Tag noch!

Tack. Ha en bra dag!
[tak. ha en bra: dag!]

In der Stadt

Entschuldigen Sie bitte, ...	**Ursäkta mig.** [ʉ:'sɛkta mɛj]
Ich suche ...	**Jag letar efter ...** [ja 'lʲetar 'ɛftər ...]
die U-Bahn	**tunnelbanan** ['tʉnəlʲ 'ba:nan]
mein Hotel	**mitt hotell** [mit ho'telʲ]
das Kino	**biografen** [bio'grafən]
den Taxistand	**en taxistation** [en 'taksi sta'ɧu:n]
einen Geldautomat	**en uttagsautomat** [en ʉ:'ta:gs auto'mat]
eine Wechselstube	**ett växlingskontor** [et 'vɛkslɪŋs kon'tu:r]
ein Internetcafé	**ett internetkafé** [et 'internet ka'fe]
die ... -Straße	**... gatan** [... 'gatan]
diesen Ort	**den här platsen** [den hæ:r 'plʲatsən]
Wissen Sie, wo ... ist?	**Vet du var ... ligger?** [vet dʉ: var ... 'ligər?]
Wie heißt diese Straße?	**Vilken gata är det här?** ['vilʲkən gata ær dɛ hæ:r?]
Zeigen Sie mir wo wir gerade sind.	**Kan du visa mig var vi är nu.** [kan dʉ: 'vi:sa mɛj var vi ær nʉ:]
Kann ich dort zu Fuß hingehen?	**Kan jag ta mig dit till fots?** [kan ja ta mɛj dit tilʲ 'fɔts?]
Haben Sie einen Stadtplan?	**Har ni en karta över stan?** [har ni en 'ka:ʈa ø:vər stan?]
Was kostet eine Eintrittskarte?	**Hur mycket kostar inträdet?** [hʉ: 'mʏke 'kostar intrɛdet?]
Darf man hier fotografieren?	**Får jag fotografera här?** [fɔr ja fʊtʊgra'fera hæ:r?]
Haben Sie offen?	**Har ni öppet?** [har ni øpet?]

Wann öffnen Sie?

När öppnar ni?
[nɛr øpnar ni?]

Wann schließen Sie?

När stänger ni?
[nɛr 'stɛŋər ni?]

Geld

Geld	**pengar** ['peŋar]
Bargeld	**kontanter** [kon'tantər]
Papiergeld	**sedlar** ['sedlʲar]
Kleingeld	**småpengar** ['smoːˈpeŋar]
Scheck | Wechselgeld | Trinkgeld	**nota l växel l dricks** ['noːta | 'vɛksəlʲ | driks]

Kreditkarte	**kreditkort** [kreˈdit koːʈ]
Geldbeutel	**plånbok** ['plʲoːnbʊk]
kaufen	**att köpa** [at 'ɕøpa]
zahlen	**att betala** [at beˈtalʲa]
Strafe	**böter** ['bøter]
kostenlos	**gratis** ['gratis]

Wo kann ich ... kaufen?	**Var kan jag köpa ...?** [var kan ja 'ɕøpa ...?]
Ist die Bank jetzt offen?	**Är banken öppen nu?** [ɛr 'bankəen 'øpen nʉ:?]
Wann öffnet sie?	**När öppnar den?** [nɛr øpnar dɛn?]
Wann schließt sie?	**När stänger den?** [nɛr 'stɛŋər den?]

Wie viel?	**Hur mycket?** [hʉ: 'mʏke?]
Was kostet das?	**Hur mycket kostar den här?** [hʉ: 'mʏke 'kostar den hæ:r?]
Das ist zu teuer.	**Det är för dyrt.** [de: ær før dy:t]

Entschuldigen Sie bitte, wo ist die Kasse?	**Ursäkta mig, var betalar man?** [ʉ:'sɛkta mɛj, var beˈtalʲar man?]
Ich möchte zahlen.	**Notan, tack.** ['noːtan, tak]

Kann ich mit Karte zahlen?

Gibt es hier einen Geldautomat?

Ich brauche einen Geldautomat.

Ich suche eine Wechselstube.

Ich möchte ... wechseln.

Was ist der Wechselkurs?

Brauchen Sie meinen Reisepass?

Kan jag betala med kreditkort?
[kan ja be'talʲa me kre'dit koː[?]

Finns det en uttagsautomat här?
[fins dɛ en 'ʉtags auto'mat hæːr?]

Jag letar efter en uttagsautomat.
[ja 'lʲetar 'ɛftər en ʉː'tags auto'mat]

Jag letar efter ett växlingskontor.
[ja 'lʲetar 'ɛftər et 'vɛksliŋs kon'tuːr]

Jag skulle vilja växla ...
[ja 'skʉlʲe 'vilja 'vɛkslʲa ...]

Vad är växlingskursen?
[vad ær 'vɛksliŋs 'kʉːʂən?]

Behöver du mitt pass?
[be'høvər dʉ: mit pas?]

Zeit

Wie spät ist es?	**Vad är klockan?** [vad ær 'klʲokan?]
Wann?	**När?** [nɛr?]
Um wie viel Uhr?	**Vid vilken tid?** [vid 'vilʲkən tid?]
jetzt | später | nach …	**nu I senare I efter …** [nʉ: | 'senarə | 'ɛftər …]

ein Uhr	**klockan ett** ['klʲokan et]
Viertel zwei	**kvart över ett** [kvaːʈ 'øːvər et]
Ein Uhr dreißig	**halv två** [halʲv tvoː]
Viertel vor zwei	**kvart i två** [kvaːʈ i tvoː]

eins | zwei | drei	**ett I två I tre** [et | tvoː | tre]
vier | fünf | sechs	**fyra I fem I sex** ['fyːra | fem | sɛks]
sieben | acht | neun	**sju I åtta I nio** [ɧʉː | 'ota | 'niːo]
zehn | elf | zwölf	**tio I elva I tolv** ['tiːo | 'elʲva | 'tolʲv]

in …	**om …** [om …]
fünf Minuten	**fem minuter** [fem mi'nʉːtər]
zehn Minuten	**tio minuter** ['tiːo mi'nʉːtər]
fünfzehn Minuten	**femton minuter** ['femtɔn mi'nʉːtər]
zwanzig Minuten	**tjugo minuter** ['ɕʉːgo mi'nʉːter]
einer halben Stunde	**en halvtimme** [en 'halʲv'timə]
einer Stunde	**en timme** [en 'time]

am Vormittag	**på morgonen** [pɔ 'mɔrgɔnən]
früh am Morgen	**tidigt på morgonen** ['tidit pɔ 'mɔrgɔnən]
diesen Morgen	**den här morgonen** [den hæːr 'mɔrgɔnən]
morgen früh	**imorgon på morgonen** [i'mɔrgɔn pɔ 'mɔrgɔnən]

am Mittag	**mitt på dagen** [mit pɔ 'dagən]
am Nachmittag	**på eftermiddagen** [pɔ 'ɛftə mid'dagən]
am Abend	**på kvällen** [pɔ 'kvɛlʲen]
heute Abend	**ikväll** [iːkvɛlʲ]

in der Nacht	**på natten** [pɔ 'natən]
gestern	**i går** [i goːr]
heute	**idag** [idaːg]
morgen	**imorgon** [i'mɔrgɔn]
übermorgen	**i övermorgon** [i 'øːvə,mɔrgɔn]

Welcher Tag ist heute?	**Vad är det för dag idag?** [vad ær dɛ før daːg 'idaːg?]
Es ist …	**Det är …** [deː ær …]
Montag	**måndag** ['mɔndag]
Dienstag	**tisdag** ['tiːsdag]
Mittwoch	**onsdag** ['onsdag]

Donnerstag	**torsdag** ['toːʂdag]
Freitag	**fredag** ['freːdag]
Samstag	**lördag** ['lʲøːdag]
Sonntag	**söndag** ['sœndag]

Begrüßungen und Vorstellungen

Hallo.	**Hej** [hɛj]
Freut mich, Sie kennen zu lernen.	**Trevligt att träffas.** ['trɛvligt at trɛfas]
Ganz meinerseits.	**Detsamma.** [de'sama]
Darf ich vorstellen? Das ist ...	**Jag skulle vilja träffa ...** [ja 'skɵlʲe 'vilja 'trɛfa ...]
Sehr angenehm.	**Trevligt att träffas.** ['trɛvligt at trɛfas]

Wie geht es Ihnen?	**Hur står det till?** [hɵ: sto: dɛ tilʲ?]
Ich heiße ...	**Jag heter ...** [ja 'hetər ...]
Er heißt ...	**Han heter ...** [han 'hetər ...]
Sie heißt ...	**Hon heter ...** [hon 'hetər ...]
Wie heißen Sie?	**Vad heter du?** [vad 'hetər dɵ:?]
Wie heißt er?	**Vad heter han?** [vad 'hetər han?]
Wie heißt sie?	**Vad heter hon?** [vad 'hetər hon?]
Wie ist Ihr Nachname?	**Vad heter du i efternamn?** [vad 'hetər dɵ: i 'ɛftəˌnamn?]
Sie können mich ... nennen.	**Du kan kalla mig ...** [dɵ: kan 'kalʲa mɛj ...]
Woher kommen Sie?	**Varifrån kommer du?** ['varifron 'koməer dɵ:?]
Ich komme aus ...	**Jag kommer från ...** [ja 'komər fron ...]
Was machen Sie beruflich?	**Vad arbetar du med?** [vad ar'betar dɵ: me:?]

Wer ist das?	**Vem är det här?** [vem ær dɛ hæ:r?]
Wer ist er?	**Vem är han?** [vem ær han?]
Wer ist sie?	**Vem är hon?** [vem ær hon?]
Wer sind sie?	**Vilka är de?** ['vilʲka ær dom?]

Das ist ...

Det här är ...
[de: hæ:r ær ...]

mein Freund

min vän
[min vɛn]

meine Freundin

min väninna
[min vɛ'nina]

mein Mann

min man
[min man]

meine Frau

min fru
[min frʉ:]

mein Vater

min far
[min fa:r]

meine Mutter

min mor
[min mo:r]

mein Bruder

min bror
[min 'bru:r]

meine Schwester

min syster
[min 'sʏstər]

mein Sohn

min son
[min so:n]

meine Tochter

min dotter
[min 'dotər]

Das ist unser Sohn.

Det här är vår son.
[de: hæ:r ær vor son]

Das ist unsere Tochter.

Det här är vår dotter.
[de: hæ:r ær vor 'dotər]

Das sind meine Kinder.

Det här är mina barn.
[de: hæ:r ær 'mina ba:ŋ]

Das sind unsere Kinder.

Det här är våra barn.
[de: hæ:r ær 'vo:ra ba:ŋ]

Verabschiedungen

Auf Wiedersehen!	**På återseende! Hej då!** [pɔ ote:'şeəndə! hɛj do:!]
Tschüss!	**Hej då!** [hɛj do:!]
Bis morgen.	**Vi ses imorgon.** [vi ses i'mɔrgɔn]
Bis bald.	**Vi ses snart.** [vi ses sna:t]
Bis um sieben.	**Vi ses klockan sju.** [vi ses 'klʲokan ɧu:]

Viel Spaß!	**Ha det så roligt!** [ha dɛ so 'roligt!]
Wir sprechen später.	**Vi hörs senare.** [vi hø:ʂ 'senarə]
Ich wünsche Ihnen ein schönes Wochenende.	**Ha en trevlig helg.** [ha en 'trɛvlig helj]
Gute Nacht.	**Godnatt.** [god'nat]

Es ist Zeit, dass ich gehe.	**Det är dags för mig att ge mig av.** [de: ær da:gs før mɛj at je mɛj av]
Ich muss gehen.	**Jag behöver ge mig av.** [ja be'høvər je mɛj av]
Ich bin gleich wieder da.	**Jag kommer strax tillbaka.** [ja 'komər straks tilʲ'baka]

Es ist schon spät.	**Det är sent.** [de: ær sɛnt]
Ich muss früh aufstehen.	**Jag måste gå upp tidigt.** [ja 'mostə go up 'tidit]
Ich reise morgen ab.	**Jag ger mig av imorgon.** [ja jer mɛj av i'mɔrgɔn]
Wir reisen morgen ab.	**Vi ger oss av imorgon.** [vi je:r os av i'mɔrgɔn]

Ich wünsche Ihnen eine gute Reise!	**Trevlig resa!** ['trɛvlig 'resa!]
Hat mich gefreut, Sie kennen zu lernen.	**Det var trevligt att träffas.** [dɛ var 'trɛvligt at trɛfas]
Hat mich gefreut mit Ihnen zu sprechen.	**Det var trevligt att prata med dig.** [de: var 'trɛvligt at 'pra:ta me dɛj]
Danke für alles.	**Tack för allt.** [tak før alʲt]

Ich hatte eine sehr gute Zeit.

Jag hade väldigt trevligt.
[ja 'hadə 'vɛlˈdigt 'trɛvligt]

Wir hatten eine sehr gute Zeit.

Vi hade väldigt trevligt.
[vi 'hade 'vɛlˈdigt 'trɛvligt]

Es war wirklich toll.

Det var verkligen trevligt.
[dɛ var 'vɛrkligən 'trɛvligt]

Ich werde Sie vermissen.

Jag kommer att sakna dig.
[ja 'komər at 'sakna dɛj]

Wir werden Sie vermissen.

Vi kommer att sakna dig.
[vi 'komer at 'sakna dɛj]

Viel Glück!

Lycka till!
['lʲʏka tilʲ!]

Grüßen Sie ...

Hälsa till ...
['hɛlʲsa tilʲ ...]

Fremdsprache

Ich verstehe nicht.	**Jag förstår inte.** [ja føː'ʂtoːr 'intə]
Schreiben Sie es bitte auf.	**Skulle du kunna skriva ner det.** ['skɵlʲe dɵː 'kuna 'skriːva ner dɛ]
Sprechen Sie ...?	**Talar du ...** ['talʲar dɵː ...]

Ich spreche ein bisschen ...	**Jag talar lite ...** [ja 'talʲar 'lʲitə ...]
Englisch	**engelska** ['ɛŋelʲska]
Türkisch	**turkiska** ['tɵrkiska]
Arabisch	**arabiska** [a'rabiska]
Französisch	**franska** ['franska]

Deutsch	**tyska** ['tʏska]
Italienisch	**italienska** [ita'ljeːnska]
Spanisch	**spanska** ['spanska]
Portugiesisch	**portugisiska** [poːɵ'giːsiska]
Chinesisch	**kinesiska** [ɕi'nesiska]
Japanisch	**japanska** [ja'paːnska]

Können Sie das bitte wiederholen.	**Kan du upprepa det, tack.** [kan dɵː 'uprepa dɛ, tak]
Ich verstehe.	**Jag förstår.** [ja føː'ʂtoːr]
Ich verstehe nicht.	**Jag förstår inte.** [ja føː'ʂtoːr 'intə]
Sprechen Sie etwas langsamer.	**Kan du prata långsammare, tack.** [kan dɵː 'praːta lʲoːŋ'samarə, tak]

Ist das richtig?	**Är det rätt?** [ɛr dɛ rɛt?]
Was ist das? (Was bedeutet das?)	**Vad är det här?** [vad ær dɛ hɛr?]

Entschuldigungen

Entschuldigen Sie bitte.	**Ursäkta mig.** [ʉː'sɛkta mɛj]
Es tut mir leid.	**Jag är ledsen.** [ja ær 'lʲesən]
Es tut mir sehr leid.	**Jag är verkligen ledsen.** [ja ær 'vɛrkligən 'lʲesen]
Es tut mir leid, das ist meine Schuld.	**Jag är ledsen, det är mitt fel.** [ja ær 'lʲesən, dɛ ær mit felʲ]
Das ist mein Fehler.	**Det är jag som har gjort ett misstag.** [deː ær ja som har joːʈ et 'mistag]

Darf ich ...?	**Får jag ... ?** [for jaː ...?]
Haben Sie etwas dagegen, wenn ich ...?	**Har du något emot om jag ...?** [har dʉː 'noːgɔt ɛ'moːt om ja ...?]
Es ist okay.	**Det är okej.** [deː ær ɔ'kej]
Alles in Ordnung.	**Det är okej.** [deː ær ɔ'kej]
Machen Sie sich keine Sorgen.	**Tänk inte på det.** [tɛnk 'intə pɔ dɛ]

Einigung

Ja.	**Ja** [ja]
Ja, natürlich.	**Ja, säkert.** [ja, 'sɛ:keṭ]
Ok! (Gut!)	**Bra!** [bra:!]
Sehr gut.	**Mycket bra.** ['mʏke bra:]
Natürlich!	**Ja visst!** [ja vist!]
Genau.	**Jag håller med.** [ja 'holˈer me:]

Das stimmt.	**Det stämmer.** [de: 'stɛmər]
Das ist richtig.	**Det är rätt.** [de: ær rɛt]
Sie haben Recht.	**Du har rätt.** [dʉ: har rɛt]
Ich habe nichts dagegen.	**Jag har inget emot det.** [ja har 'iŋet ɛ'mo:t dɛ]
Völlig richtig.	**Det stämmer helt.** [de: 'stɛmər helˈt]

Das kann sein.	**Det är möjligt.** [de: ær 'møjligt]
Das ist eine gute Idee.	**Det är en bra idé.** [de: ær en bra: i'de:]
Ich kann es nicht ablehnen.	**Jag kan inte säga nej.** [ja kan 'intə 'sɛja nɛj]
Ich würde mich freuen.	**Det gör jag gärna.** [de: jør ja 'jæ:ɳa]
Gerne.	**Med nöje.** [me 'nøje]

Ablehnung. Äußerung von Zweifel

Nein.
Nej
[nɛj]

Natürlich nicht.
Verkligen inte.
['vɛrkligən 'intə]

Ich stimme nicht zu.
Jag håller inte med.
[ja 'holʲer 'intə me:]

Das glaube ich nicht.
Jag tror inte det.
[ja tror 'intə dɛ]

Das ist falsch.
Det är inte sant.
[de: ær 'intə sant]

Sie liegen falsch.
Du har fel.
[dʉ: har felʲ]

Ich glaube, Sie haben Unrecht.
Jag tycker att du har fel.
[ja 'tʏkər at dʉ: har felʲ]

Ich bin nicht sicher.
Jag är inte säker.
[ja ær 'intə 'sɛ:kər]

Das ist unmöglich.
Det är omöjligt.
[de: ær u:'mœjligt]

Nichts dergleichen!
Absolut inte!
[abso'lʲʉt 'intə!]

Im Gegenteil!
Raka motsatsen.
['ra:ka 'mo:tsatsən]

Ich bin dagegen.
Jag är emot det.
[ja ær ɛ'mo:t dɛ]

Es ist mir egal.
Jag bryr mig inte om det.
[ja bry:r mɛj 'intə om dɛ]

Keine Ahnung.
Jag har ingen aning.
[ja har 'iŋen 'aniŋ]

Ich bezweifle, dass es so ist.
Jag betvivlar det.
[ja bet'vivlʲar dɛ]

Es tut mir leid, ich kann nicht.
Jag är ledsen, det kan jag inte.
[ja ær 'lʲesən, dɛ kan ja 'intə]

Es tut mir leid, ich möchte nicht.
Jag är ledsen, det vill jag inte.
[ja ær 'lʲesən, dɛ vilʲ ja 'intə]

Danke, das brauche ich nicht.
Nej, tack.
[nɛj, tak]

Es ist schon spät.
Det börjar bli sent.
[de: 'børjar bli sɛnt]

Ich muss früh aufstehen.

Jag måste gå upp tidigt.
[ja 'mostə go up 'tidit]

Mir geht es schlecht.

Jag mår inte bra.
[ja mor 'intə bra:]

Dankbarkeit ausdrücken

Danke.	**Tack** [tak]
Dankeschön.	**Tack så mycket.** [tak so 'mʏke]
Ich bin Ihnen sehr verbunden.	**Jag uppskattar det verkligen.** [ja 'upskatar dɛ 'vɛrkligən]
Ich bin Ihnen sehr dankbar.	**Jag är verkligen tacksam mot dig.** [ja ær 'vɛrkligən 'taksam mot dɛj]
Wir sind Ihnen sehr dankbar.	**Vi är verkligen tacksamma mot dig.** [vi: ær 'vɛrkligən 'taksama mo:t dɛj]

Danke, dass Sie Ihre Zeit geopfert haben.	**Tack för dig stund.** [tak før dɛj stund]
Danke für alles.	**Tack för allt.** [tak før alʲt]
Danke für ...	**Tack för ...** [tak før ...]
Ihre Hilfe	**din hjälp** [din jɛlʲp]
die schöne Zeit	**en trevlig tid** [en 'trɛvlig tid]

das wunderbare Essen	**en fantastisk måltid** [en fan'tastisk 'molʲtid]
den angenehmen Abend	**en trevlig kväll** [en 'trɛvlig kvɛlʲ]
den wunderschönen Tag	**en underbar dag** [en 'undəbar da:g]
die interessante Führung	**en fantastisk resa** [en fan'tastisk 'resa]

Keine Ursache.	**Ingen orsak.** ['iŋen 'u:ʂak]
Nichts zu danken.	**Väl bekomme.** [vɛlʲ be'komə]
Immer gerne.	**Ingen orsak.** ['iŋen 'u:ʂak]
Es freut mich, geholfen zu haben.	**Nöjet är helt på min sida.** ['nøjet ær helʲt po min 'si:da]
Vergessen Sie es.	**Ingen orsak.** ['iŋen 'u:ʂak]
Machen Sie sich keine Sorgen.	**Tänk inte på det.** [tɛnk 'intə po dɛ]

Glückwünsche. Beste Wünsche

Glückwunsch!	**Gratulationer!** [gratɵlʲaˈfɧuːnər!]
Alles gute zum Geburtstag!	**Grattis på födelsedagen!** ['gratis pɔ 'fødelʲsə 'dagen!]
Frohe Weihnachten!	**God Jul!** [god jɵːlʲ!]
Frohes neues Jahr!	**Gott Nytt År!** [got nyt oːr!]

Frohe Ostern!	**Glad Påsk!** [glʲad 'posk!]
Frohes Hanukkah!	**Glad Chanukka!** [glʲad 'hanɵka!]

Ich möchte einen Toast ausbringen.	**Jag skulle vilja utbringa en skål.** [ja 'skɵlʲe 'vilja ɵːt'briŋa en skolʲ]
Auf Ihr Wohl!	**Skål!** [skolʲ!]
Trinken wir auf ...!	**Låt oss dricka för ...!** [lʲot os 'drika før ...!]
Auf unseren Erfolg!	**För vår framgång!** [før vor 'framgoːŋ!]
Auf Ihren Erfolg!	**För dig framgång!** [før dɛj 'framgoːŋ!]

Viel Glück!	**Lycka till!** ['lʲʏka tilʲ!]
Einen schönen Tag noch!	**Ha en bra dag!** [ha en bra: dag!]
Haben Sie einen guten Urlaub!	**Ha en bra helg!** [ha en bra: helj!]
Haben Sie eine sichere Reise!	**Säker resa!** ['sɛːkər 'resa!]
Ich hoffe es geht Ihnen bald besser!	**Krya på dig!** ['krya pɔ dɛj!]

Sozialisieren

Warum sind Sie traurig?	**Varför är du ledsen?** ['va:føːr ær dʉ: 'lʲesən?]
Lächeln Sie!	**Får jag se ett leende? Upp med hakan!** [for ja se et 'lʲeəndə? up me 'haːkan!]
Sind Sie heute Abend frei?	**Är du ledig ikväll?** [ɛr dʉ: 'lʲeːdig iːkvɛlʲ?]

Darf ich Ihnen was zum Trinken anbieten?	**Får jag bjuda på en drink?** [for ja 'bjʉːda pɔ en drink?]
Möchten Sie tanzen?	**Vill du dansa?** [vilʲ dʉ: 'dansa?]
Gehen wir ins Kino.	**Låt oss gå på bio.** [lʲot os go pɔ 'biːo]

Darf ich Sie ins … einladen?	**Får jag bjuda dig på …?** [for ja 'bjʉːda dɛj pɔ …?]
Restaurant	**restaurang** [rɛstɔ'raŋ]
Kino	**bio** ['bio]
Theater	**teater** [te'aːter]
auf einen Spaziergang	**gå på en promenad** ['go pɔ en prome'nad]

Um wie viel Uhr?	**Vilken tid?** ['vilʲkən tid?]
heute Abend	**ikväll** [iːkvɛlʲ]
um sechs Uhr	**vid sex** [vid 'sɛks]
um sieben Uhr	**vid sju** [vid ʃʉ:]
um acht Uhr	**vid åtta** [vid 'ota]
um neun Uhr	**vid nio** [vid 'niːo]

Gefällt es Ihnen hier?	**Gillar du det här stället?** ['jilʲar dʉ: dɛ hæːr 'stɛlʲet?]
Sind Sie hier mit jemandem?	**Är du här med någon?** [ɛr dʉ: hæːr me 'noːgɔn?]
Ich bin mit meinem Freund /meiner Freundin/.	**Jag är här med min vän /väninna/.** [ja ær hæːr me min vɛn /vɛ'nina/]

Ich bin mit meinen Freunden.	**Jag är här med mina vänner.** [ja ær hæ:r me 'mina 'vɛnər]
Nein, ich bin alleine.	**Nej, jag är ensam.** [nɛj, ja ær 'ɛnsam]

Hast du einen Freund?	**Har du pojkvän?** [har dʉ: 'pojkvɛn?]
Ich habe einen Freund.	**Jag har pojkvän.** [ja har 'pojkvɛn]
Hast du eine Freundin?	**Har du flickvän?** [har dʉ: 'flikvɛn?]
Ich habe eine Freundin.	**Jag har flickvän.** [ja har 'flʲikvɛn]

Kann ich dich nochmals sehen?	**Får jag träffa dig igen?** [for ja 'trɛfa dɛj i'jen?]
Kann ich dich anrufen?	**Kan jag ringa dig?** [kan ja 'riŋa dɛj?]
Ruf mich an.	**Ring mig.** ['riŋ mɛj]
Was ist deine Nummer?	**Vad har du för nummer?** [vad har dʉ: før 'nʉmər?]
Ich vermisse dich.	**Jag saknar dig.** [ja 'saknar dɛj]

Sie haben einen schönen Namen.	**Du har ett vackert namn.** [dʉ: har et 'vake:ʈ namn]
Ich liebe dich.	**Jag älskar dig.** [ja 'ɛlʲskər dɛj]
Willst du mich heiraten?	**Vill du gifta dig med mig?** [vilʲ dʉ: 'jifta dɛj me mɛj?]
Sie machen Scherze!	**Du skämtar!** [dʉ: 'ɧɛmtar!]
Ich habe nur gescherzt.	**Jag skämtar bara.** [ja 'ɧɛmtar 'ba:ra]

Ist das Ihr Ernst?	**Menar du allvar?** ['me:nar dʉ: 'alʲva:r?]
Das ist mein Ernst.	**Jag menar allvar.** [ja 'me:nar 'alʲva:r]
Echt?!	**Verkligen?!** ['vɛrkligən?!]
Das ist unglaublich!	**Det är otroligt!** [de: ær u:'tro:ligt!]
Ich glaube Ihnen nicht.	**Jag tror dig inte.** [ja tror dɛj 'intə]
Ich kann nicht.	**Jag kan inte.** [ja kan 'intə]
Ich weiß nicht.	**Jag vet inte.** [ja vet 'intə]
Ich verstehe Sie nicht.	**Jag förstår dig inte.** [ja fø:'ʂto:r dɛj 'intə]

Bitte gehen Sie weg.	**Var snäll och gå.** [var snɛlʲ o goː]
Lassen Sie mich in Ruhe!	**Lämna mig ifred!** ['lʲɛːmna mɛj ifreːd!]

Ich kann ihn nicht ausstehen.	**Jag står inte ut med honom.** [ja stoːr 'inte ʉt me 'honom]
Sie sind widerlich!	**Du är vedervärdig!** [dʉː ær 'vedervæːɖig!]
Ich rufe die Polizei an!	**Jag ska ringa polisen!** [ja ska 'riŋa po'lʲiːsən!]

Gemeinsame Eindrücke. Emotionen

Das gefällt mir.	**Jag tycker om det.** [ja 'tʏkər om dɛ]
Sehr nett.	**Jättefint.** ['jɛtefint]
Das ist toll!	**Det är fantastiskt!** [de: ær fan'tastiskt!]
Das ist nicht schlecht.	**Det är inte illa.** [de: ær 'intə 'ilˑa]

Das gefällt mir nicht.	**Jag gillar det inte.** [ja 'jilˑar dɛ 'intəe]
Das ist nicht gut.	**Det är inte bra.** [de: ær 'intə bra:]
Das ist schlecht.	**Det är illa.** [de: ær 'ilˑa]
Das ist sehr schlecht.	**Det är väldigt dåligt.** [de: ær 'vɛlˑdigt 'do:ligt]
Das ist widerlich.	**Det är förskräckligt.** [de: ær fø:'ʂkrɛkligt]

Ich bin glücklich.	**Jag är glad.** [ja ær glˑad]
Ich bin zufrieden.	**Jag är nöjd.** [ja ær 'nøjd]
Ich bin verliebt.	**Jag är kär.** [ja ær 'kæ:r]
Ich bin ruhig.	**Jag är lugn.** [ja ær 'lˑɵŋn]
Ich bin gelangweilt.	**Jag är uttråkad.** [ja ær ɵt'trokad]

Ich bin müde.	**Jag är trött.** [ja ær trøt]
Ich bin traurig.	**Jag är ledsen.** [ja ær 'lˑesən]

Ich habe Angst.	**Jag är rädd.** [ja ær rɛd]
Ich bin wütend.	**Jag är arg.** [ja ær arj]
Ich mache mir Sorgen.	**Jag är orolig.** [ja ær u'rulig]
Ich bin nervös.	**Jag är nervös.** [ja ær ner'vø:s]

Ich bin eifersüchtig.	**Jag är svartsjuk.** [ja ær 'sva:tɧʉ:k]
Ich bin überrascht .	**Jag är överraskad.** [ja ær ø:vɛ'raskad]
Es ist mir peinlich.	**Jag är förvirrad.** [ja ær før'virad]

Probleme. Unfälle

Ich habe ein Problem.	**Jag har ett problem.** [ja har et prɔ'bl⁾em]
Wir haben Probleme.	**Vi har ett problem.** [vi har et prɔ'bl⁾em]
Ich bin verloren.	**Jag är vilse.** [ja ær 'vil⁾sə]
Ich habe den letzten Bus (Zug) verpasst.	**Jag missade sista bussen (tåget).** [ja 'misadə 'sista 'busən ('to:get)]
Ich habe kein Geld mehr.	**Jag har inga pengar kvar.** [ja har 'iŋa 'peŋar kva:r]

Ich habe mein … verloren.	**Jag har förlorat …** [ja har fø:l⁾orat …]
Jemand hat mein … gestohlen.	**Någon har stulit …** ['no:gɔn har 'stu:lit …]
Reisepass	**mitt pass** [mit pas]
Geldbeutel	**min plånbok** [min 'pl⁾o:nbʊk]
Papiere	**mina handlingar** ['mina 'handliŋar]
Fahrkarte	**min biljett** [min bi'l⁾et]
Geld	**mina pengar** ['mina 'peŋar]
Tasche	**min handväska** [min 'hand‚vɛska]
Kamera	**min kamera** [min 'ka:mera]
Laptop	**min laptop** [min 'l⁾aptop]
Tabletcomputer	**min surfplatta** [min 'sʉrfpl⁾ata]
Handy	**min mobiltelefon** [min mo'bil⁾ tel⁾e'fɔn]

Hilfe!	**Hjälp mig!** ['jɛl⁾p mɛj!]
Was ist passiert?	**Vad har hänt?** [vad har hɛnt?]
Feuer	**brand** [brand]
Schießerei	**skottlossning** [skot'l⁾osniŋ]

Mord	**mord** ['moːd]
Explosion	**explosion** [ɛksplɔ'ɧuːn]
Schlägerei	**slagsmål** ['slʲaks moːlʲ]

Rufen Sie die Polizei!	**Ring polisen!** ['riŋ po'liːsən!]
Beeilen Sie sich!	**Snälla skynda på!** ['snɛlʲa 'ɧʏnda poːl]
Ich suche nach einer Polizeistation.	**Jag letar efter polisstationen.** [ja 'lʲetar 'ɛftər po'lʲis sta'ɧuːnən]
Ich muss einen Anruf tätigen.	**Jag behöver ringa ett samtal.** [ja be'høvər 'riŋa et 'samtalʲ]
Kann ich Ihr Telefon benutzen?	**Får jag använda din telefon?** [for ja 'anvɛnda din telʲe'fɔn?]

Ich wurde …	**Jag har blivit …** [ja har 'blivit …]
ausgeraubt	**rånad** ['ronad]
überfallen	**bestulen** [be'stʉːlʲen]
vergewaltigt	**våldtagen** ['volʲd‚tagən]
angegriffen	**angripen** ['aŋripən]

Ist bei Ihnen alles in Ordnung?	**Är det okej med dig?** [ɛr dɛ ɔ'kej me dɛj?]
Haben Sie gesehen wer es war?	**Såg du vem det var?** [sog dʉː vɛm dɛ vaːr?]
Sind Sie in der Lage die Person wiederzuerkennen?	**Skulle du kunna känna igen personen?** ['skʉlʲe dʉː 'kuna kɛna ijen pɛ:'ʂuːnən?]
Sind sie sicher?	**Är du säker?** [ɛr dʉː 'sɛːker?]

Beruhigen Sie sich bitte!	**Snälla lugna ner dig.** ['snɛlʲa 'lʲʉnʲa ne dɛj]
Ruhig!	**Ta det lugnt!** [ta dɛ lʲʉŋt!]
Machen Sie sich keine Sorgen	**Oroa dig inte!** ['oːroa dɛj 'intə!]
Alles wird gut.	**Allt kommer att bli bra.** [alʲt 'komər at bli braː]
Alles ist in Ordnung.	**Allt är okej.** [alʲt ær ɔ'kej]
Kommen Sie bitte her.	**Vill du vara snäll och följa med?** [vilʲ dʉː 'vaːra snɛlʲ o 'følʲa meː?]

Ich habe einige Fragen für Sie.	**Jag har några frågor till dig.** [ja har 'nogra 'frogor tilᴵ dɛj]
Warten Sie einen Moment bitte.	**Var snäll och vänta** **ett ögonblick, tack.** [var snɛlᴵ o 'vɛnta et 'ø:gɔnblik, tak]
Haben Sie einen Identifikationsnachweis?	**Har du någon legitimation?** [har dʉ: 'no:gɔn lᴵegitima'ʄu:n?]
Danke. Sie können nun gehen.	**Tack. Du kan gå nu.** [tak. dʉ: kan go nʉ:]
Hände hinter dem Kopf!	**Händerna bakom huvudet!** ['hɛnderna 'bakom 'hʉvʉdet!]
Sie sind verhaftet!	**Du är anhållen!** [dʉ: ær an'holᴵen!]

Gesundheitsprobleme

Helfen Sie mir bitte.	**Snälla hjälp mig.** ['snɛlʲa jɛlʲp mɛj]
Mir ist schlecht.	**Jag mår inte bra.** [ja mor 'intə bra:]
Meinem Ehemann ist schlecht.	**Min man mår inte bra.** [min man mor 'intə bra:]
Mein Sohn ...	**Min son ...** [min so:n ...]
Mein Vater ...	**min far ...** [min fa:r ...]

Meine Frau fühlt sich nicht gut.	**Min fru mår inte bra.** [min frʉ: mor 'intə bra:]
Meine Tochter ...	**Min dotter ...** [min 'dotər ...]
Meine Mutter ...	**Min mor ...** [min mo:r ...]

Ich habe ... schmerzen.	**Jag har ...** [ja har ...]
Kopf-	**huvudvärk** ['hʉ:vʉd'væ:rk]
Hals-	**halsont** ['halʲsʉnt]
Bauch-	**värk i magen** [vɛrk i 'ma:gən]
Zahn-	**tandvärk** ['tand,vɛrk]

Mir ist schwindelig.	**Jag känner mig yr.** [ja 'ɕɛnər mɛj y:r]
Er hat Fieber.	**Han har feber.** [han har 'febər]
Sie hat Fieber.	**Hon har feber.** [hon har 'febər]
Ich kann nicht atmen.	**Jag kan inte andas.** [ja kan 'intə 'andas]

Ich kriege keine Luft.	**Jag har andnöd.** [ja har 'andnød]
Ich bin Asthmatiker.	**Jag är astmatiker.** [ja ær ast'matiker]
Ich bin Diabetiker /Diabetikerin/	**Jag är diabetiker.** [ja ær dia'betiker]

Ich habe Schlaflosigkeit.

Jag kan inte sova.
[ja kan 'intə 'so:va]

Lebensmittelvergiftung

matförgiftning
['ma:tfø:'jiftniŋ]

Es tut hier weh.

Det gör ont här.
[de: jør ont hæ:r]

Hilfe!

Hjälp mig!
['jɛlɪp mɛj!]

Ich bin hier!

Jag är här!
[ja ær 'hæ:r!]

Wir sind hier!

Vi är här!
[vi: ær hæ:r!]

Bringen Sie mich hier raus!

Ta mig härifrån!
[ta mɛj 'hɛrifron!]

Ich brauche einen Arzt.

Jag behöver en läkare.
[ja be'høvər en 'lɪɛ:karə]

Ich kann mich nicht bewegen.

Jag kan inte röra mig.
[ja kan 'intə 'rø:ra mɛj]

Ich kann meine Beine nicht bewegen.

Jag kan inte röra mina ben.
[ja kan 'intə 'rø:ra 'mina bɛn]

Ich habe eine Wunde.

Jag har ett sår.
[ja har et so:r]

Ist es ernst?

Är det allvarligt?
[ɛr dɛ 'alɪva:rligt?]

Meine Dokumente sind in meiner Hosentasche.

Mina dokument är i min ficka.
['mina dokʉ'ment ær i min 'fika]

Beruhigen Sie sich!

Lugna ner dig!
['lɪʉnɪa ne: dɛj!]

Kann ich Ihr Telefon benutzen?

Får jag använda din telefon?
[for ja 'anvɛnda din telɪe'fɔn?]

Rufen Sie einen Krankenwagen!

Ring efter en ambulans!
['riŋ 'ɛftər en ambʉ'lɪans!]

Es ist dringend!

Det är brådskande!
[de: ær 'brodskandə!]

Es ist ein Notfall!

Det är ett nödfall!
[de: ær et 'nødfalɪ!]

Schneller bitte!

Snälla, skynda dig!
['snɛlɪa, 'ɧynda dɛj!]

Können Sie bitte einen Arzt rufen?

Vill du vara snäll och ringa en läkare?
[vilɪ dʉ: 'va:ra snɛlɪ o 'riŋa en 'lɪɛ:karə?]

Wo ist das Krankenhaus?

Var är sjukhuset?
[var ær 'ɧʉ:khʉ:set?]

Wie fühlen Sie sich?

Hur mår du?
[hʉ: mor dʉ:?]

Ist bei Ihnen alles in Ordnung?

Är du okej?
[ɛr dʉ: ɔ'kej?]

Was ist passiert?

Vad har hänt?
[vad har hɛnt?]

Mir geht es schon besser.

Es ist in Ordnung.

Alles ist in Ordnung.

Jag mår bättre nu.
[ja mor 'bɛtrə nʉ:]

Det är okej.
[de: ær ɔ'kej]

Det är okej.
[de: ær ɔ'kej]

In der Apotheke

Apotheke	**apotek** [apʊ'tek]
24 Stunden Apotheke	**dygnet runt-öppet apotek** ['dynˡet rʉnt-'øpet apʊ'tek]
Wo ist die nächste Apotheke?	**Var finns närmsta apotek?** [var fins 'nɛrmsta apʊ'tek?]

Ist sie jetzt offen?	**Är det öppet nu?** [ɛr dɛ 'øpet nʉ:?]
Um wie viel Uhr öffnet sie?	**Vilken tid öppnar det?** ['vilˡkən tid 'øpnar dɛ?]
Um wie viel Uhr schließt sie?	**Vilken tid stänger det?** ['vilˡkən tid 'stɛŋər dɛ?]

Ist es weit?	**Är det långt?** [ɛr dɛ 'ˡlo:ŋt?]
Kann ich dort zu Fuß hingehen?	**Kan jag ta mig dit till fots?** [kan ja ta mɛj dit tilˡ 'fots?]
Können Sie es mir auf der Karte zeigen?	**Kan du visa mig på kartan?** [kan dʉ: 'vi:sa mɛj pɔ 'ka:ʈan?]

Bitte geben sie mir etwas gegen ...	**Snälla ge mig någonting mot ...** ['snɛlˡa je mɛj 'no:gɔntiŋ mot ...]
Kopfschmerzen	**huvudvärk** ['hʉ:vʉd'væ:rk]
Husten	**hosta** ['hosta]
eine Erkältung	**förkylning** [før'ɕyⁱˡniŋ]
die Grippe	**influensan** [inflˡʉ'ensan]

Fieber	**feber** ['feber]
Magenschmerzen	**magont** ['ma:gont]
Übelkeit	**illamående** [ilˡa'moendə]
Durchfall	**diarré** [dia're:]
Verstopfung	**förstoppning** [fø:'ʂtopniŋ]
Rückenschmerzen	**ryggont** ['rʏgont]

Brustschmerzen	**bröstsmärtor** ['brøst'smɛ:tor]
Seitenstechen	**mjälthugg** ['mjelʲthug]
Bauchschmerzen	**magsmärtor** ['magsmɛ:tor]

Pille	**piller, tablett** ['pilʲer, tab'lʲet]
Salbe, Creme	**salva** ['salʲva]
Sirup	**drickbar medicin** ['drikbar medi'si:n]
Spray	**sprej** [sprɛj]
Tropfen	**droppar** ['dropar]

Sie müssen ins Krankenhaus gehen.	**Du måste åka till sjukhuset.** [dʉ: 'moste 'o:ka tilʲ 'ɧʉ:khʉset]
Krankenversicherung	**sjukförsäkring** ['ɧʉ:kfø:'ʂɛkriŋ]
Rezept	**recept** [re'sɛpt]
Insektenschutzmittel	**insektsmedel** ['insekts'medəlʲ]
Pflaster	**plåster** ['plʲostər]

Das absolute Minimum

Entschuldigen Sie bitte, ...	**Ursäkta mig, ...** [ʉ:'sɛkta mɛj, ...]
Hallo.	**Hej** [hɛj]
Danke.	**Tack** [tak]
Auf Wiedersehen.	**Hej då** [hɛj do:]
Ja.	**Ja** [ja]
Nein.	**Nej** [nɛj]
Ich weiß nicht.	**Jag vet inte.** [ja vet 'intə]
Wo? | Wohin? | Wann?	**Var? I Vart? I När?** [var? | va:t? | nɛr?]

Ich brauche ...	**Jag behöver ...** [ja be'høvər ...]
Ich möchte ...	**Jag vill ...** [ja vilʲ ...]
Haben Sie ...?	**Har du ...?** [har dʉ: ...?]
Gibt es hier ...?	**Finns det ... här?** [fins dɛ ... hæ:r?]
Kann ich ...?	**Får jag ... ?** [for ja: ...?]
Bitte (anfragen)	**..., tack** [..., tak]

Ich suche ...	**Jag letar efter ...** [ja 'lʲetar 'ɛftər ...]
die Toilette	**en toalett** [en tua'lʲet]
den Geldautomat	**en uttagsautomat** [en ʉ:'ta:gs auto'mat]
die Apotheke	**ett apotek** [et apʉ'tek]
das Krankenhaus	**ett sjukhus** [et 'ʃʉ:khʉs]
die Polizeistation	**en polisstation** [en po'lis sta'ʃʉ:n]
die U-Bahn	**tunnelbanan** ['tʉnəlʲ 'ba:nan]

das Taxi	**en taxi** [en 'taksi]
den Bahnhof	**en tågstation** [en 'to:g sta'ɧu:n]

Ich heiße ...	**Jag heter ...** [ja 'hetər ...]
Wie heißen Sie?	**Vad heter du?** [vad 'hetər dɵ:?]
Helfen Sie mir bitte.	**Skulle du kunna hjälpa mig?** ['skɵlʲe dɵ: 'kuna 'jɛlʲpa mɛj?]
Ich habe ein Problem.	**Jag har ett problem.** [ja har et prɔ'blʲem]
Mir ist schlecht.	**Jag mår inte bra.** [ja mor 'intə bra:]
Rufen Sie einen Krankenwagen!	**Ring efter en ambulans!** ['riŋ 'ɛftər en ambɵ'lʲans!]
Darf ich telefonieren?	**Får jag ringa ett samtal?** [for ja 'riŋa et 'sa:mtalʲ?]

Entschuldigung.	**Jag är ledsen.** [ja ær 'lʲesən]
Keine Ursache.	**Ingen orsak.** ['iŋen 'u:ʂak]

ich	**Jag, mig** [ja, mɛj]
du	**du** [dɵ]
er	**han** [han]
sie	**hon** [hon]
sie (Pl, Mask.)	**de:** [de:]
sie (Pl, Fem.)	**de:** [de:]
wir	**vi** [vi:]
ihr	**ni** [ni]
Sie	**du, Ni** [dɵ:, ni:]

EINGANG	**INGÅNG** ['iŋo:ŋ]
AUSGANG	**UTGÅNG** ['ɵtgo:ŋ]
AUßER BETRIEB	**UR FUNKTION** [ɵ:r fɵnk'ɧu:n]
GESCHLOSSEN	**STÄNGT** ['stɛŋt]

71

OFFEN	**ÖPPET** ['øpet]
FÜR DAMEN	**FÖR KVINNOR** [før 'kvinor]
FÜR HERREN	**FÖR MÄN** [før mɛn]

AKTUELLES VOKABULAR

Dieser Teil beinhaltet mehr als 3.000 der wichtigsten Wörter. Das Wörterbuch wird Ihnen wertvolle Unterstützung während Ihrer Reise bieten, weil einzelne, häufig benutzte Wörter genug sind, damit Sie verstanden werden. Das Wörterbuch beinhaltet eine praktische Transkription jedes Fremdworts

T&P Books Publishing

INHALT WÖRTERBUCH

T&P Books Publishing

GRUNDBEGRIFFE

T&P Books Publishing

1. Pronomen

ich	**jag**	['ja:]
du	**du**	[dʉ:]
er	**han**	['han]
sie	**hon**	['hʊn]
es	**det, den**	[dɛ], [dɛn]
wir	**vi**	['vi]
ihr	**ni**	['ni]
sie	**de**	[de:]

2. Grüße. Begrüßungen

Hallo! (ugs.)	**Hej!**	['hɛj]
Hallo! (Amtsspr.)	**Hej! Hallå!**	['hɛj], [ha'lʲoː]
Guten Morgen!	**God morgon!**	[ˌgʊd 'mɔrgɔn]
Guten Tag!	**God dag!**	[ˌgʊd 'dag]
Guten Abend!	**God kväll!**	[ˌgʊd 'kvɛlʲ]
grüßen (vi, vt)	**att hälsa**	[at 'hɛlʲsa]
Hallo! (ugs.)	**Hej!**	['hɛj]
Gruß (m)	**hälsning (en)**	['hɛlʲsniŋ]
begrüßen (vt)	**att hälsa**	[at 'hɛlʲsa]
Wie geht es Ihnen?	**Hur står det till?**	[hʉr stoː de 'tilʲ]
Wie geht's dir?	**Hur är det?**	[hʉr ɛr 'deː]
Was gibt es Neues?	**Vad är nytt?**	[vad æːr 'nʏt]
Auf Wiedersehen!	**Adjö! Hej då!**	[a'jøː], [hɛj'doː]
Wiedersehen! Tschüs!	**Hej då!**	[hɛj'doː]
Bis bald!	**Vi ses!**	[vi ses]
Lebe wohl!	**Adjö! Farväl!**	[a'jøː], [far'vɛːlʲ]
Leben Sie wohl!		
sich verabschieden	**att säga adjö**	[at 'sɛːja a'jøː]
Tschüs!	**Hej då!**	[hɛj'doː]
Danke!	**Tack!**	['tak]
Dankeschön!	**Tack så mycket!**	['tak sɔ 'mʏkə]
Bitte (Antwort)	**Varsågod**	['vaːʂoːgʊd]
Keine Ursache.	**Ingen orsak!**	['iŋən 'ʊːʂak]
Nichts zu danken.	**Ingen orsak!**	['iŋən 'ʊːʂak]
Entschuldige!	**Ursäkta, ...**	['ʉːˌʂɛkta ...]
Entschuldigung!	**Ursäkta mig, ...**	['ʉːˌʂɛkta mɛj ...]

entschuldigen (vt)	att ursäkta	[at 'ʉːˌsɛkta]
sich entschuldigen	att ursäkta sig	[at 'ʉːˌsɛkta sɛj]
Verzeihung!	Jag ber om ursäkt	[ja ber ɔm 'ʉːˌsɛkt]
Es tut mir leid!	Förlåt!	[fœː'lʲoːt]
verzeihen (vt)	att förlåta	[at 'fœːˌlʲoːta]
Das macht nichts!	Det gör inget	[dɛ jør 'iŋet]
bitte (Die Rechnung, ~!)	snälla	['snɛla]

Nicht vergessen!	Glöm inte!	['glʲøːm 'intə]
Natürlich!	Naturligtvis!	[na'tʉrligvis]
Natürlich nicht!	Självklart inte!	['ɧɛlʲvklʲaʈ 'intə]
Gut! Okay!	OK! Jag håller med.	[ɔ'kej] , [ja 'hoːlʲer me]
Es ist genug!	Det räcker!	[dɛ 'rɛkə]

3. Fragen

Wer?	Vem?	['vem]
Was?	Vad?	['vad]
Wo?	Var?	['var]
Wohin?	Vart?	['vaːt]
Woher?	Varifrån?	['varifroːn]
Wann?	När?	['næːr]
Wozu?	Varför?	['vaːføːr]
Warum?	Varför?	['vaːføːr]

Wofür?	För vad?	['før vad]
Wie?	Hur?	['hʉːr]
Welcher?	Vilken?	['vilʲkən]

Wem?	Till vem?	[tilʲ 'vem]
Über wen?	Om vem?	[ɔm 'vem]
Wovon? (~ sprichst du?)	Om vad?	[ɔm 'vad]
Mit wem?	Med vem?	[me 'vem]

Wie viele?	Hur många?	[hʉr 'mɔŋa]
Wie viel?	Hur mycket?	[hʉr 'mʏkə]
Wessen?	Vems?	['vɛms]

4. Präpositionen

mit (Frau ~ Katzen)	med	['me]
ohne (~ Dich)	utan	['ʉtan]
nach (~ London)	till	['tilʲ]
über	om	['ɔm]
(~ Geschäfte sprechen)		
vor (z.B. ~ acht Uhr)	för, inför	['føːr], ['inføːr]
vor (z.B. ~ dem Haus)	framför	['framføːr]
unter (~ dem Schirm)	under	['undər]

über	över	['ø:vər]
(~ dem Meeresspiegel)		
auf (~ dem Tisch)	på	[pɔ]
aus (z.b. ~ München)	från	['frɔn]
aus (z.b. ~ Porzellan)	av	[av]

in (~ zwei Tagen)	om	['ɔm]
über (~ zaun)	över	['ø:vər]

5. Funktionswörter. Adverbien. Teil 1

Wo?	Var?	['var]
hier	här	['hæ:r]
dort	där	['dæ:r]

irgendwo	någonstans	['no:gɔn‚stans]
nirgends	ingenstans	['iŋən‚stans]

an (bei)	vid	['vid]
am Fenster	vid fönstret	[vid 'fœnstrət]

Wohin?	Vart?	['va:ʈ]
hierher	hit	['hit]
dahin	dit	['dit]
von hier	härifrån	['hæ:ri‚fro:n]
von da	därifrån	['dæ:ri‚fro:n]

nah (Adv)	nära	['næ:ra]
weit, fern (Adv)	långt	['lˠɔŋt]

in der Nähe von ...	nära	['næ:ra]
in der Nähe	i närheten	[i 'næ:r‚hetən]
unweit (~ unseres Hotels)	inte långt	['intə 'lˠɔŋt]

link (Adj)	vänster	['vɛnstər]
links (Adv)	till vänster	[tilʲ 'vɛnstər]
nach links	till vänster	[tilʲ 'vɛnstər]

recht (Adj)	höger	['hø:gər]
rechts (Adv)	till höger	[tilʲ 'hø:gər]
nach rechts	till höger	[tilʲ 'hø:gər]

vorne (Adv)	framtill	['framtilʲ]
Vorder-	främre	['frɛmrə]
vorwärts	framåt	['framo:t]

hinten (Adv)	bakom, baktill	['bakɔm], ['bak'tilʲ]
von hinten	bakifrån	['baki‚fro:n]
rückwärts (Adv)	tillbaka	[tilʲ'baka]
Mitte (f)	mitt (en)	['mit]

in der Mitte	i mitten	[i 'mitən]
seitlich (Adv)	från sidan	[frɔn 'sidan]
überall (Adv)	överallt	['ø:vərˌalʲt]
ringsherum (Adv)	runt omkring	[runt ɔm'kriŋ]
von innen (Adv)	inifrån	['iniˌfro:n]
irgendwohin (Adv)	någonstans	['no:gonˌstans]
geradeaus (Adv)	rakt, rakt fram	['rakt], ['rakt fram]
zurück (Adv)	tillbaka	[tilʲ'baka]
irgendwoher (Adv)	från var som helst	[frɔn va sɔm 'hɛlʲst]
von irgendwo (Adv)	från någonstans	[frɔn 'no:gonˌstans]
erstens	för det första	['før de 'fœ:ʂta]
zweitens	för det andra	['før de 'andra]
drittens	för det tredje	['før de 'trɛdjə]
plötzlich (Adv)	plötsligt	['plʲøtslit]
zuerst (Adv)	i början	[i 'bœrjan]
zum ersten Mal	för första gången	['før 'fœ:ʂta 'goŋən]
lange vor...	långt innan ...	['lʲɔŋt 'inan ...]
von Anfang an	på nytt	[pɔ 'nʏt]
für immer	för gott	[før 'gɔt]
nie (Adv)	aldrig	['alʲdrig]
wieder (Adv)	igen	['ijɛn]
jetzt (Adv)	nu	['nʉ:]
oft (Adv)	ofta	['ɔfta]
damals (Adv)	då	['do:]
dringend (Adv)	brådskande	['brɔˌskandə]
gewöhnlich (Adv)	vanligtvis	['vanˌlitvis]
übrigens, ...	förresten ...	[fœ:'rɛstən ...]
möglicherweise (Adv)	möjligen	['mœjligən]
wahrscheinlich (Adv)	sannolikt	[sanʉ'likt]
vielleicht (Adv)	kanske	['kanʃə]
außerdem ...	dessutom ...	[des'ʉ:tʊm ...]
deshalb ...	därför ...	['dæ:før ...]
trotz ...	i trots av ...	[i 'trɔʦ av ...]
dank ...	tack vare ...	['tak ˌvarə ...]
was (~ ist denn?)	vad	['vad]
das (~ ist alles)	att	[at]
etwas	något	['no:gɔt]
irgendwas	något	['no:gɔt]
nichts	ingenting	['iŋəntiŋ]
wer (~ ist ~?)	vem	['vem]
jemand	någon	['no:gɔn]
irgendwer	någon	['no:gɔn]
niemand	ingen	['iŋən]
nirgends	ingenstans	['iŋənˌstans]

| niemandes (~ Eigentum) | ingens | ['iŋəns] |
| jemandes | någons | ['noːgɔns] |

so (derart)	så	['soː]
auch	också	['ɔksoː]
ebenfalls	också	['ɔksoː]

6. Funktionswörter. Adverbien. Teil 2

Warum?	Varför?	['vaːføːr]
aus irgendeinem Grund	av någon anledning	[av 'noːgɔn 'anˌlʲedniŋ]
weil …	därför att …	['dæːfør at …]
zu irgendeinem Zweck	av någon anledning	[av 'noːgɔn 'anˌlʲedniŋ]

und	och	['ɔ]
oder	eller	['ɛlʲer]
aber	men	['men]
für (präp)	för, till	['føːr]

zu (~ viele)	för, alltför	['føːr], ['alʲtføːr]
nur (~ einmal)	bara, endast	['bara], ['ɛndast]
genau (Adv)	precis, exakt	[prɛ'sis], [ɛk'sakt]
etwa	cirka	['sirka]

ungefähr (Adv)	ungefär	['uŋəˌfæːr]
ungefähr (Adj)	ungefärlig	['uŋəˌfæːlʲig]
fast	nästan	['nɛstan]
Übrige (n)	rest (en)	['rɛst]

der andere	den andra	[dɛn 'andra]
andere	andre	['andrə]
jeder (~ Mann)	var	['var]
beliebig (Adj)	vilken som helst	['vilʲkən sɔm 'hɛlʲst]
viel	mycken, mycket	['mʏkən], ['mʏkə]
viele Menschen	många	['mɔŋa]
alle (wir ~)	alla	['alʲa]

im Austausch gegen …	i gengäld för …	[i 'jɛŋɛld ˌfør …]
dafür (Adv)	i utbyte	[i 'ʉtˌbytə]
mit der Hand (Hand-)	för hand	[før 'hand]
schwerlich (Adv)	knappast	['knapast]

wahrscheinlich (Adv)	sannolikt	[sanʊ'likt]
absichtlich (Adv)	med flit, avsiktligt	[me flit], ['avsiktlit]
zufällig (Adv)	tillfälligtvis	['tilʲfɔlitvis]

sehr (Adv)	mycket	['mʏkə]
zum Beispiel	till exempel	[tilʲ ɛk'sɛmpəl]
zwischen	mellan	['mɛlʲan]
unter (Mörder sind ~ uns)	bland	['blʲand]

| so viele (~ Ideen) | **så mycket** | [sɔ 'mʏkə] |
| besonders (Adv) | **särskilt** | ['sæːˌʂilʲt] |

ZAHLEN. VERSCHIEDENES

T&P Books Publishing

null	noll	['nɔlʲ]
eins	ett	[ɛt]
zwei	två	['tvoː]
drei	tre	['treː]
vier	fyra	['fyra]

fünf	fem	['fem]
sechs	sex	['sɛks]
sieben	sju	['ɧʉː]
acht	åtta	['ota]
neun	nio	['niːʊ]

zehn	tio	['tiːʊ]
elf	elva	['ɛlʲva]
zwölf	tolv	['tɔlʲv]
dreizehn	tretton	['trɛttɔn]
vierzehn	fjorton	['fjʊːʈɔn]

fünfzehn	femton	['fɛmtɔn]
sechzehn	sexton	['sɛkstɔn]
siebzehn	sjutton	['ɧʉːttɔn]
achtzehn	arton	['aːʈɔn]
neunzehn	nitton	['niːttɔn]

zwanzig	tjugo	['ɕʉɡʊ]
einundzwanzig	tjugoett	['ɕʉɡʊˌɛt]
zweiundzwanzig	tjugotvå	['ɕʉɡʊˌtvoː]
dreiundzwanzig	tjugotre	['ɕʉɡʊˌtreː]

dreißig	trettio	['trɛttiʊ]
einunddreißig	trettioett	['trɛttiʊˌɛt]
zweiunddreißig	trettiotvå	['trɛttiʊˌtvoː]
dreiunddreißig	trettiotre	['trɛttiʊˌtreː]

vierzig	fyrtio	['fœːʈiʊ]
einundvierzig	fyrtioett	['fœːʈiʊˌɛt]
zweiundvierzig	fyrtiotvå	['fœːʈiʊˌtvoː]
dreiundvierzig	fyrtiotre	['fœːʈiʊˌtreː]

fünfzig	femtio	['fɛmtiʊ]
einundfünfzig	femtioett	['fɛmtiʊˌɛt]
zweiundfünfzig	femtiotvå	['fɛmtiʊˌtvoː]
dreiundfünfzig	femtiotre	['fɛmtiʊˌtreː]
sechzig	sextio	['sɛkstiʊ]

einundsechzig	sextioett	['sɛkstiʊ‚ɛt]
zweiundsechzig	sextiotvå	['sɛkstiʊ‚tvo:]
dreiundsechzig	sextiotre	['sɛkstiʊ‚tre:]

siebzig	sjuttio	['ɧuttiʊ]
einundsiebzig	sjuttioett	['ɧuttiʊ‚ɛt]
zweiundsiebzig	sjuttiotvå	['ɧuttiʊ‚tvo:]
dreiundsiebzig	sjuttiotre	['ɧuttiʊ‚tre:]

achtzig	åttio	['ottiʊ]
einundachtzig	åttioett	['ottiʊ'ɛt]
zweiundachtzig	åttiotvå	['ottiʊ‚tvo:]
dreiundachtzig	åttiotre	['ottiʊ‚tre:]

neunzig	nittio	['nittiʊ]
einundneunzig	nittioett	['nittiʊ‚ɛt]
zweiundneunzig	nittiotvå	['nittiʊ‚tvo:]
dreiundneunzig	nittiotre	['nittiʊ‚tre:]

8. Grundzahlen. Teil 2

einhundert	hundra (ett)	['hundra]
zweihundert	tvåhundra	['tvo:‚hundra]
dreihundert	trehundra	['tre‚hundra]
vierhundert	fyrahundra	['fyra‚hundra]
fünfhundert	femhundra	['fem‚hundra]

sechshundert	sexhundra	['sɛks‚hundra]
siebenhundert	sjuhundra	['ɧʉ:‚hundra]
achthundert	åttahundra	['ota‚hundra]
neunhundert	niohundra	['niʊ‚hundra]

eintausend	tusen (ett)	['tʉ:sən]
zweitausend	tvåtusen	['tvo:‚tʉ:sən]
dreitausend	tretusen	['tre:‚tʉ:sən]
zehntausend	tiotusen	['ti:ʊ‚tʉ:sən]
hunderttausend	hundratusen	['hundra‚tʉ:sən]
Million (f)	miljon (en)	[mi'ljʊn]
Milliarde (f)	miljard (en)	[mi'lja:ɖ]

9. Ordnungszahlen

der erste	första	['fœ:ʂta]
der zweite	andra	['andra]
der dritte	tredje	['trɛdjə]
der vierte	fjärde	['fjæ:də]
der fünfte	femte	['fɛmtə]
der sechste	sjätte	['ɧæ:tə]

der siebte	**sjunde**	['ɧundə]
der achte	**åttonde**	['ɔttɔndə]
der neunte	**nionde**	['niːˌʊndə]
der zehnte	**tionde**	['tiːɔndə]

FARBEN. MASSEINHEITEN

T&P Books Publishing

10. Farben

Farbe (f)	**färg (en)**	['fæ:rj]
Schattierung (f)	**nyans (en)**	[ny'ans]
Farbton (m)	**färgton (en)**	['fæ:rj͵tʊn]
Regenbogen (m)	**regnbåge (en)**	['rɛgn͵bo:gə]
weiß	**vit**	['vit]
schwarz	**svart**	['sva:t]
grau	**grå**	['gro:]
grün	**grön**	['grø:n]
gelb	**gul**	['gʉ:lʲ]
rot	**röd**	['rø:d]
blau	**blå**	['blʲo:]
hellblau	**ljusblå**	['jʉ:s͵blʲo:]
rosa	**rosa**	['rɔsa]
orange	**orange**	[ɔ'ranʃ]
violett	**violett**	[viʊ'lʲet]
braun	**brun**	['brʉ:n]
golden	**guld-**	['gulʲd-]
silbrig	**silver-**	['silʲvər-]
beige	**beige**	['bɛʃ]
cremefarben	**cremefärgad**	['krɛ:m͵fæ:rjad]
türkis	**turkos**	[tur'ko:s]
kirschrot	**körsbärsröd**	['ɕø:ʂbæ:ʂ͵rø:d]
lila	**lila**	['lilʲa]
himbeerrot	**karmosinröd**	[kar'mosin͵rø:d]
hell	**ljus**	['jʉ:s]
dunkel	**mörk**	['mœ:rk]
grell	**klar**	['klʲar]
Farb- (z.B. -stifte)	**färg-**	['fæ:rj-]
Farb- (z.B. -film)	**färg-**	['fæ:rj-]
schwarz-weiß	**svartvit**	['sva:t͵vit]
einfarbig	**enfärgad**	['ɛn͵fæ:rjad]
bunt	**mångfärgad**	['mɔŋ͵fæ:rjad]

11. Maßeinheiten

Gewicht (n)	**vikt (en)**	['vikt]
Länge (f)	**längd (en)**	[lʲɛŋd]

Breite (f)	bredd (en)	['brɛd]
Höhe (f)	höjd (en)	['hœjd]
Tiefe (f)	djup (ett)	['jʉ:p]
Volumen (n)	volym (en)	[vo'lʲym]
Fläche (f)	yta, areal (en)	['yta], [are'alʲ]

Gramm (n)	gram (ett)	['gram]
Milligramm (n)	milligram (ett)	['mili‚gram]
Kilo (n)	kilogram (ett)	[ɕilʲo'gram]
Tonne (f)	ton (en)	['tʊn]
Pfund (n)	skålpund (ett)	['sko:lʲ‚pund]
Unze (f)	uns (ett)	['uns]

Meter (m)	meter (en)	['metər]
Millimeter (m)	millimeter (en)	['mili‚metər]
Zentimeter (m)	centimeter (en)	[sɛnti'metər]
Kilometer (m)	kilometer (en)	[ɕilʲo'metər]
Meile (f)	mil (en)	['milʲ]

Zoll (m)	tum (en)	['tum]
Fuß (m)	fot (en)	['fʊt]
Yard (n)	yard (en)	['ja:ɖ]

Quadratmeter (m)	kvadratmeter (en)	[kva'drat‚metər]
Hektar (n)	hektar (ett)	[hɛk'tar]
Liter (m)	liter (en)	['litər]
Grad (m)	grad (en)	['grad]
Volt (n)	volt (en)	['vɔlʲt]
Ampere (n)	ampere (en)	[am'pɛr]
Pferdestärke (f)	hästkraft (en)	['hɛst‚kraft]

Anzahl (f)	mängd, kvantitet (en)	['mɛŋt], [kwanti'tet]
etwas ...	få ..., inte många ...	['fo: ...], ['intə 'mɔŋa ...]
Hälfte (f)	hälft (en)	['hɛlʲft]
Dutzend (n)	dussin (ett)	['dusin]
Stück (n)	stycke (ett)	['stʏkə]

| Größe (f) | storlek (en) | ['stʊ:lʲek] |
| Maßstab (m) | skala (en) | ['skalʲa] |

minimal (Adj)	minimal	[mini'malʲ]
der kleinste	minst	['minst]
mittler, mittel-	medel	['medəlʲ]
maximal (Adj)	maximal	[maksi'malʲ]
der größte	störst	['stø:ʂt]

12. Behälter

| Glas (n) (Einmachglas) | glasburk (en) | ['glʲas‚burk] |
| Dose (f) (z.B. Bierdose) | burk (en) | ['burk] |

| Eimer (m) | hink (en) | ['hiŋk] |
| Fass (n), Tonne (f) | tunna (en) | ['tuna] |

Waschschüssel (n)	tvättfat (ett)	['tvæt‚fat]
Tank (m)	tank (en)	['taŋk]
Flachmann (m)	plunta, fickflaska (en)	['plʉnta], ['fik‚flʲaska]
Kanister (m)	dunk (en)	['duːŋk]
Zisterne (f)	tank (en)	['taŋk]

Kaffeebecher (m)	mugg (en)	['mug]
Tasse (f)	kopp (en)	['kop]
Untertasse (f)	tefat (ett)	['te‚fat]
Wasserglas (n)	glas (ett)	['glʲas]
Weinglas (n)	vinglas (ett)	['vin‚glʲas]
Kochtopf (m)	kastrull, gryta (en)	[ka'strulʲ], ['gryta]

| Flasche (f) | flaska (en) | ['flʲaska] |
| Flaschenhals (m) | flaskhals (en) | ['flʲask‚halʲs] |

Karaffe (f)	karaff (en)	[ka'raf]
Tonkrug (m)	kanna (en) med handtag	['kana me 'han‚tag]
Gefäß (n)	behållare (en)	[be'hoːʲʲarə]
Topf (m)	kruka (en)	['krʉka]
Vase (f)	vas (en)	['vas]

Flakon (n)	flakong (en)	[flʲa'kɔŋ]
Fläschchen (n)	flaska (en)	['flʲaska]
Tube (f) (z.B. Zahnpasta)	tub (en)	['tʉːb]

Sack (m) (~ Kartoffeln)	säck (en)	['sɛk]
Tüte (f) (z.B. Plastiktüte)	påse (en)	['poːsə]
Schachtel (f) (z.B. Zigaretten~)	paket (ett)	[pa'ket]

Karton (m) (z.B. Schuhkarton)	ask (en)	['ask]
Kiste (f) (z.B. Bananenkiste)	låda (en)	['lʲoːda]
Korb (m)	korg (en)	['kɔrj]

DIE WICHTIGSTEN VERBEN

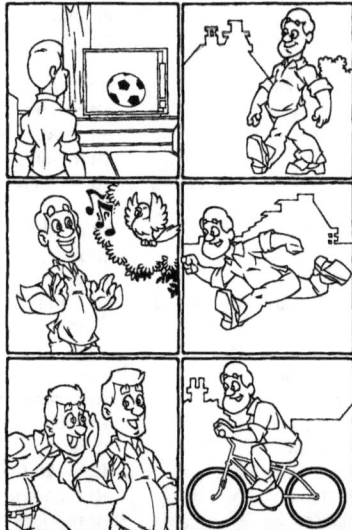

T&P Books Publishing

13. Die wichtigsten Verben. Teil 1

abbiegen (nach links ~)	att svänga	[at 'svɛŋa]
abschicken (vt)	att skicka	[at 'ɧika]
ändern (vt)	att ändra	[at 'ɛndra]
andeuten (vt)	att ge en vink	[at je: en 'viŋk]
Angst haben	att frukta	[at 'frʉkta]
ankommen (vi)	att ankomma	[at 'aŋˌkɔma]
antworten (vi)	att svara	[at 'svara]
arbeiten (vi)	att arbeta	[at 'arˌbeta]
auf … zählen	att räkna med …	[at 'rɛkna me …]
aufbewahren (vt)	att behålla	[at be'hoːlʲa]
aufschreiben (vt)	att skriva ner	[at 'skriva ner]
ausgehen (vi)	att gå ut	[at 'goː ʉt]
aussprechen (vt)	att uttala	[at 'ʉtˌtalʲa]
bedauern (vt)	att beklaga	[at be'klʲaga]
bedeuten (vt)	att betyda	[at be'tyda]
beenden (vt)	att sluta	[at 'slʉːta]
befehlen (Milit.)	att beordra	[at be'oːdra]
befreien (Stadt usw.)	att befria	[at be'fria]
beginnen (vt)	att begynna	[at be'jina]
bemerken (vt)	att märka	[at 'mæːrka]
beobachten (vt)	att observera	[at ɔbsɛr'vera]
berühren (vt)	att röra	[at 'røːra]
besitzen (vt)	att besitta, att äga	[at be'sita], [at 'ɛːga]
besprechen (vt)	att diskutera	[at diskʉ'tera]
bestehen (vi)	att insistera	[at insi'stera]
bestellen (im Restaurant)	att beställa	[at be'stɛlʲa]
bestrafen (vt)	att straffa	[at 'strafa]
beten (vi)	att be	[at 'beː]
bitten (vt)	att be	[at 'beː]
brechen (vt)	att bryta	[at 'bryta]
denken (vi, vt)	att tänka	[at 'tɛŋka]
drohen (vi)	att hota	[at 'hʊta]
Durst haben	att vara törstig	[at 'vara 'tøːʂtig]
einladen (vt)	att inbjuda, att invitera	[at in'bjʉːda], [at invi'tera]
einstellen (vt)	att sluta	[at 'slʉːta]
einwenden (vt)	att invända	[at 'inˌvɛnda]
empfehlen (vt)	att rekommendera	[at rekɔmən'dera]
erklären (vt)	att förklara	[at før'klʲara]

92

erlauben (vt)	att tillåta	[at 'til'o:ta]
ermorden (vt)	att döda, att mörda	[at 'dø:da], [at 'mø:da]
erwähnen (vt)	att omnämna	[at 'ɔm‚nɛmna]
existieren (vi)	att existera	[at ɛksi'stera]

14. Die wichtigsten Verben. Teil 2

fallen (vi)	att falla	[at 'fal'a]
fallen lassen	att tappa	[at 'tapa]
fangen (vt)	att fånga	[at 'fɔŋa]
finden (vt)	att finna	[at 'fina]
fliegen (vi)	att flyga	[at 'fl'yga]

folgen (Folge mir!)	att följa efter ...	[at 'følja 'ɛftər ...]
fortsetzen (vt)	att fortsätta	[at 'fʊt‚sæta]
fragen (vt)	att fråga	[at 'fro:ga]
frühstücken (vi)	att äta frukost	[at 'ɛ:ta 'frʉ:kɔst]
geben (vt)	att ge	[at je:]

gefallen (vi)	att gilla	[at 'jil'a]
gehen (zu Fuß gehen)	att gå	[at 'go:]
gehören (vi)	att tillhöra ...	[at 'til'‚hø:ra ...]
graben (vt)	att gräva	[at 'grɛ:va]

haben (vt)	att ha	[at 'ha]
helfen (vi)	att hjälpa	[at 'jɛl'pa]
herabsteigen (vi)	att gå ned	[at 'go: ‚ned]

hereinkommen (vi)	att komma in	[at 'kɔma 'in]
hoffen (vi)	att hoppas	[at 'hɔpas]
hören (vt)	att höra	[at 'hø:ra]
hungrig sein	att vara hungrig	[at 'vara 'huŋrig]
informieren (vt)	att informera	[at infɔr'mera]

jagen (vi)	att jaga	[at 'jaga]
kennen (vt)	att känna	[at 'ɕɛna]
klagen (vi)	att klaga	[at 'kl'aga]
können (v mod)	att kunna	[at 'kuna]
kontrollieren (vt)	att kontrollera	[at kɔntrɔ'l'era]

kosten (vt)	att kosta	[at 'kɔsta]
kränken (vt)	att förolämpa	[at 'førʊ‚l'ɛmpa]
lächeln (vi)	att småle	[at 'smo:l'e]
lachen (vi)	att skratta	[at 'skrata]
laufen (vi)	att löpa, att springa	[at 'l'ø:pa], [at 'spriŋa]

leiten (Betrieb usw.)	att styra, att leda	[at 'styra], [at 'l'eda]
lernen (vt)	att studera	[at stu'dera]
lesen (vi, vt)	att läsa	[at 'l'ɛ:sa]
lieben (vt)	att älska	[at 'ɛl'ska]

machen (vt)	att göra	[at 'jø:ra]
mieten (Haus usw.)	att hyra	[at 'hyra]
nehmen (vt)	att ta	[at ta]
noch einmal sagen	att upprepa	[at 'uprepa]
nötig sein	att vara behövd	[at 'vara be'hø:vd]
öffnen (vt)	att öppna	[at 'øpna]

15. Die wichtigsten Verben. Teil 3

planen (vt)	att planera	[at plʲa'nera]
prahlen (vi)	att skryta	[at 'skryta]
raten (vi)	att råda	[at 'ro:da]
rechnen (vt)	att räkna	[at 'rɛkna]
reservieren (vt)	att reservera	[at resɛr'vera]

retten (vt)	att rädda	[at 'rɛda]
richtig raten (vt)	att gissa	[at 'jisa]
rufen (um Hilfe ~)	att tillkalla	[at 'tilʲˌkalʲa]
sagen (vt)	att säga	[at 'sɛ:ja]
schaffen (Etwas Neues zu ~)	att skapa	[at 'skapa]

schelten (vt)	att skälla	[at 'ŋɛlʲa]
schießen (vi)	att skjuta	[at 'ŋʉ:ta]
schmücken (vt)	att pryda	[at 'pryda]
schreiben (vi, vt)	att skriva	[at 'skriva]
schreien (vi)	att skrika	[at 'skrika]

schweigen (vi)	att tiga	[at 'tiga]
schwimmen (vi)	att simma	[at 'sima]
schwimmen gehen	att bada	[at 'bada]
sehen (vi, vt)	att se	[at 'se:]

sein (vi)	att vara	[at 'vara]
sich beeilen	att skynda sig	[at 'ŋynda sɛj]
sich entschuldigen	att ursäkta sig	[at 'ʉːˌsɛkta sɛj]
sich interessieren	att intressera sig	[at intrɛ'sera sɛj]

sich irren	att göra fel	[at 'jø:ra ˌfelʲ]
sich setzen	att sätta sig	[at 'sæta sɛj]
sich weigern	att vägra	[at 'vɛgra]
spielen (vi, vt)	att leka	[at 'lʲeka]
sprechen (vi)	att tala	[at 'talʲa]

staunen (vi)	att bli förvånad	[at bli før'vo:nad]
stehlen (vt)	att stjäla	[at 'ŋɛ:lʲa]
stoppen (vt)	att stanna	[at 'stana]
suchen (vt)	att söka ...	[at 'sø:ka ...]
täuschen (vt)	att fuska	[at 'fʉska]
teilnehmen (vi)	att delta	[at 'dɛlʲta]

übersetzen (Buch usw.)	att översätta	[at 'øːveˌṣæta]
unterschätzen (vt)	att underskatta	[at 'undeˌṣkata]
unterschreiben (vt)	att underteckna	[at 'undeˌţɛkna]

16. Die wichtigsten Verben. Teil 4

vereinigen (vt)	att förena	[at 'førena]
vergessen (vt)	att glömma	[at 'glʲœma]
vergleichen (vt)	att jämföra	[at 'jɛmˌføra]
verkaufen (vt)	att sälja	[at 'sɛlja]
verlangen (vt)	att kräva	[at 'krɛːva]

versäumen (vt)	att missa	[at 'misa]
versprechen (vt)	att lova	[at 'lʲova]
verstecken (vt)	att gömma	[at 'jœma]
verstehen (vt)	att förstå	[at fœˈsto:]
versuchen (vt)	att pröva	[at 'prøːva]

verteidigen (vt)	att försvara	[at fœˈṣvara]
vertrauen (vi)	att lita på	[at 'lita pɔ]
verwechseln (vt)	att förväxla	[at førˈvɛkslʲa]
verzeihen (vi, vt)	att ursäkta	[at 'ɵːˌṣɛkta]
verzeihen (vt)	att förlåta	[at 'fœːˌlʲoːta]

voraussehen (vt)	att förutse	[at 'førɵtˌsə]
vorschlagen (vt)	att föreslå	[at 'førəˌslʲoː]
vorziehen (vt)	att föredra	[at 'føredra]
wählen (vt)	att välja	[at 'vɛlja]
warnen (vt)	att varna	[at 'vaːɳa]

warten (vi)	att vänta	[at 'vɛnta]
weinen (vi)	att gråta	[at 'groːta]
wissen (vt)	att veta	[at 'veta]
Witz machen	att skämta, att skoja	[at 'ɧɛmta], [at 'skɔja]
wollen (vt)	att vilja	[at 'vilja]
zahlen (vt)	att betala	[at beˈtalʲa]

zeigen (jemandem etwas)	att visa	[at 'visa]
zu Abend essen	att äta kvällsmat	[at 'ɛːta 'kvɛlʲsˌmat]
zu Mittag essen	att äta lunch	[at 'ɛːta ˌlɵnɕ]
zubereiten (vt)	att laga	[at 'lʲaga]
zustimmen (vi)	att samtycka	[at 'samˌtʏka]
zweifeln (vi)	att tvivla	[at 'tvivlʲa]

ZEIT. KALENDER

T&P Books Publishing

17. Wochentage

Montag (m)	måndag (en)	['mɔn‚dag]
Dienstag (m)	tisdag (en)	['tis‚dag]
Mittwoch (m)	onsdag (en)	['ʊns‚dag]
Donnerstag (m)	torsdag (en)	['tʊ:ʂ‚dag]
Freitag (m)	fredag (en)	['fre‚dag]
Samstag (m)	lördag (en)	['lʲøː‚dɑg]
Sonntag (m)	söndag (en)	['sœn‚dag]

heute	i dag	[i 'dag]
morgen	i morgon	[i 'mɔrgɔn]
übermorgen	i övermorgon	[i 'øː‚və‚mɔrgɔn]
gestern	i går	[i 'goːr]
vorgestern	i förrgår	[i 'fœːr‚goːr]

Tag (m)	dag (en)	['dag]
Arbeitstag (m)	arbetsdag (en)	['arbets‚dag]
Feiertag (m)	helgdag (en)	['hɛlj‚dag]
freier Tag (m)	ledig dag (en)	['lʲedig ‚dag]
Wochenende (n)	helg, veckohelg (en)	[hɛlj], ['vɛkɔ‚hɛlj]

den ganzen Tag	hela dagen	['helʲa 'dagən]
am nächsten Tag	nästa dag	['nɛsta ‚dag]
zwei Tage vorher	för två dagar sedan	[før ‚tvo: 'dagar 'sedan]
am Vortag	dagen innan	['dagən 'inan]
täglich (Adj)	daglig	['daglig]
täglich (Adv)	varje dag	['varjə dag]

Woche (f)	vecka (en)	['vɛka]
letzte Woche	förra veckan	['fœːra 'vɛkan]
nächste Woche	i nästa vecka	[i 'nɛsta 'vɛka]
wöchentlich (Adj)	vecko-	['vɛkɔ-]
wöchentlich (Adv)	varje vecka	['varjə 'vɛka]
zweimal pro Woche	två gångar i veckan	[tvo: 'gɔŋar i 'vɛkan]
jeden Dienstag	varje tisdag	['varjə ‚tisdag]

18. Stunden. Tag und Nacht

Morgen (m)	morgon (en)	['mɔrgɔn]
morgens	på morgonen	[pɔ 'mɔrgɔnən]
Mittag (m)	middag (en)	['mid‚dag]
nachmittags	på eftermiddagen	[pɔ 'ɛftə‚midagən]
Abend (m)	kväll (en)	[kvɛlʲ]

abends	på kvällen	[pɔ 'kvɛlʲen]
Nacht (f)	natt (en)	['nat]
nachts	om natten	[ɔm 'natən]
Mitternacht (f)	midnatt (en)	['mid̩nat]

Sekunde (f)	sekund (en)	[se'kund]
Minute (f)	minut (en)	[mi'nʉːt]
Stunde (f)	timme (en)	['timə]
eine halbe Stunde	halvtimme (en)	['halʲv̩timə]
Viertelstunde (f)	kvart (en)	['kvaːt]
fünfzehn Minuten	femton minuter	['fɛmtɔn mi'nʉːtər]
Tag und Nacht	dygn (ett)	['dʏgn]

Sonnenaufgang (m)	soluppgång (en)	['sʊlʲ ˌup'gɔŋ]
Morgendämmerung (f)	gryning (en)	['gryniŋ]
früher Morgen (m)	tidig morgon (en)	['tidig 'mɔrgɔn]
Sonnenuntergang (m)	solnedgång (en)	['sʊlʲ 'nedˌgɔŋ]

früh am Morgen	tidigt på morgonen	['tidit pɔ 'mɔrgɔnən]
heute Morgen	i morse	[i 'mɔːʂə]
morgen früh	i morgon bitti	[i 'mɔrgɔn 'biti]

heute Mittag	i eftermiddag	[i 'ɛftəˌmidag]
nachmittags	på eftermiddagen	[pɔ 'ɛftəˌmidagən]
morgen Nachmittag	i morgon eftermiddag	[i 'mɔrgɔn 'ɛftəˌmidag]

heute Abend	i kväll	[i 'kvɛlʲ]
morgen Abend	i morgon kväll	[i 'mɔrgɔn 'kvɛlʲ]

Punkt drei Uhr	precis klockan tre	[prɛ'sis 'klʲɔkan treː]
gegen vier Uhr	vid fyratiden	[vid 'fyraˌtidən]
um zwölf Uhr	vid klockan tolv	[vid 'klʲɔkan 'tɔlʲv]

in zwanzig Minuten	om tjugo minuter	[ɔm 'ɕʉgɔ mi'nʉːtər]
in einer Stunde	om en timme	[ɔm en 'timə]
rechtzeitig (Adv)	i tid	[i 'tid]

Viertel vor …	kvart i …	['kvaːt i …]
innerhalb einer Stunde	inom en timme	['inɔm en 'timə]
alle fünfzehn Minuten	varje kvart	['varjə kvaːt]
Tag und Nacht	dygnet runt	['dʏgnet ˌrunt]

19. Monate. Jahreszeiten

Januar (m)	januari	['januˌari]
Februar (m)	februari	[fɛbrʉ'ari]
März (m)	mars	['maːʂ]
April (m)	april	[a'prilʲ]
Mai (m)	maj	['maj]
Juni (m)	juni	['juːni]

Juli (m)	juli	['juːli]
August (m)	augusti	[auˈgusti]
September (m)	september	[sɛpˈtɛmbər]
Oktober (m)	oktober	[ɔkˈtʊbər]
November (m)	november	[nɔˈvɛmbər]
Dezember (m)	december	[deˈsɛmbər]

Frühling (m)	vår (en)	['voːr]
im Frühling	på våren	[pɔ 'voːrən]
Frühlings-	vår-	['voːr-]

Sommer (m)	sommar (en)	['sɔmar]
im Sommer	på sommaren	[pɔ 'sɔmarən]
Sommer-	sommar-	['sɔmar-]

Herbst (m)	höst (en)	['høst]
im Herbst	på hösten	[pɔ 'høstən]
Herbst-	höst-	['høst-]

Winter (m)	vinter (en)	['vintər]
im Winter	på vintern	[pɔ 'vintərn]
Winter-	vinter-	['vintər-]

Monat (m)	månad (en)	['moːnad]
in diesem Monat	den här månaden	[dɛn hæːr 'moːnadən]
nächsten Monat	nästa månad	['nɛsta 'moːnad]
letzten Monat	förra månaden	['fœːra 'moːnadən]

vor einem Monat	för en månad sedan	['før en 'moːnad 'sedan]
über eine Monat	om en månad	[ɔm en 'moːnad]
über zwei Monaten	om två månader	[ɔm tvoː 'moːnadər]
einen ganzen Monat	hela månaden	['helʲa 'moːnadən]

monatlich (Adj)	månatlig	[moˈnatlig]
monatlich (Adv)	månatligen	[moˈnatligən]
jeden Monat	varje månad	['varjə ˌmoːnad]
zweimal pro Monat	två gånger i månaden	[tvoː 'gɔŋər i 'moːnadən]

Jahr (n)	år (ett)	['oːr]
dieses Jahr	i år	[i 'oːr]
nächstes Jahr	nästa år	['nɛsta ˌoːr]
voriges Jahr	i fjol, förra året	[i 'fjʊlʲ], ['fœːra 'oːret]

vor einem Jahr	för ett år sedan	['før et 'oːr 'sedan]
über ein Jahr	om ett år	[ɔm et 'oːr]
über zwei Jahre	om två år	[ɔm tvoː 'oːr]
ein ganzes Jahr	hela året	['helʲa 'oːret]

jedes Jahr	varje år	['varjə 'oːr]
jährlich (Adj)	årlig	['oːlig]
jährlich (Adv)	årligen	['oːligən]
viermal pro Jahr	fyra gånger om året	['fyra 'gɔŋər ɔm 'oːret]

Datum (n) (heutige ~)	**datum (ett)**	['datum]
Datum (n) (Geburts-)	**datum (ett)**	['datum]
Kalender (m)	**almanacka (en)**	['alʲmanaka]

ein halbes Jahr	**halvår (ett)**	['halʲvˌoːr]
Halbjahr (n)	**halvår (ett)**	['halʲvˌoːr]
Saison (f)	**årstid (en)**	['oːsˌtid]
Jahrhundert (n)	**sekel (ett)**	['sekəlʲ]

T&P BOOKS

REISEN. HOTEL

T&P Books Publishing

Tourismus (m)	**turism (en)**	[tu'rism]
Tourist (m)	**turist (en)**	[tu'rist]
Reise (f)	**resa (en)**	['resa]
Abenteuer (n)	**äventyr (ett)**	['ɛːvɛnˌtyr]
Fahrt (f)	**tripp (en)**	['trip]
Urlaub (m)	**semester (en)**	[se'mɛstər]
auf Urlaub sein	**att ha semester**	[at ha se'mɛstər]
Erholung (f)	**uppehåll (ett), vila (en)**	['upe'hoːlʲ], ['vilʲa]
Zug (m)	**tåg (ett)**	['toːg]
mit dem Zug	**med tåg**	[me 'toːg]
Flugzeug (n)	**flygplan (ett)**	['flʲygplʲan]
mit dem Flugzeug	**med flygplan**	[me 'flʲygplʲan]
mit dem Auto	**med bil**	[me 'bilʲ]
mit dem Schiff	**med båt**	[me 'boːt]
Gepäck (n)	**bagage (ett)**	[ba'gaːʃ]
Koffer (m)	**resväska (en)**	['rɛsˌvɛska]
Gepäckwagen (m)	**bagagevagn (en)**	[ba'gaːʃˌvagn]
Pass (m)	**pass (ett)**	['pas]
Visum (n)	**visum (ett)**	['viːsum]
Fahrkarte (f)	**biljett (en)**	[bi'lʲet]
Flugticket (n)	**flygbiljett (en)**	['flʲyg bi,lʲet]
Reiseführer (m)	**reseguidebok (en)**	['reseˌgajdbʊk]
Landkarte (f)	**karta (en)**	['kaːʈa]
Gegend (f)	**område (ett)**	['ɔmˌroːdə]
Ort (m) (wunderbarer ~)	**plats (en)**	['plʲats]
Exotika (pl)	**(det) exotiska**	[ɛ'ksɔtiska]
exotisch	**exotisk**	[ɛk'sɔtisk]
erstaunlich (Adj)	**förunderlig**	[fø'rundelig]
Gruppe (f)	**grupp (en)**	['grup]
Ausflug (m)	**utflykt (en)**	['ʉtˌflʲykt]
Reiseleiter (m)	**guide (en)**	['gajd]

21. Hotel

Hotel (n)	**hotell (ett)**	[hʊ'tɛlʲ]
Motel (n)	**motell (ett)**	[mʊ'tɛlʲ]

drei Sterne	trestjärnigt	['tre͵ŋæːŋit]
fünf Sterne	femstjärnigt	[fɛm͵ŋæːŋit]
absteigen (vi)	att bo	[at 'buː]

Hotelzimmer (n)	rum (ett)	['ruːm]
Einzelzimmer (n)	enkelrum (ett)	['ɛŋkəlʲ͵ruːm]
Zweibettzimmer (n)	dubbelrum (ett)	['dubəlʲ͵ruːm]
reservieren (vt)	att boka rum	[at 'buka 'ruːm]

Halbpension (f)	halvpension (en)	['halʲv͵pan'ŋun]
Vollpension (f)	helpension (en)	['helʲ͵pan'ŋun]

mit Bad	med badkar	[me 'bad͵kar]
mit Dusche	med dusch	[me 'duʃ]
Satellitenfernsehen (n)	satellit-TV (en)	[satɛ'liːt 'teve]
Klimaanlage (f)	luftkonditionerare (en)	['lʉft͵kɔndiŋu'nerarə]
Handtuch (n)	handduk (en)	['hand͵dʉːk]
Schlüssel (m)	nyckel (en)	['nʏkəlʲ]

Verwalter (m)	administratör (en)	[administra'tør]
Zimmermädchen (n)	städerska (en)	['stɛːdɛʂka]
Träger (m)	bärare (en)	['bæːrarə]
Portier (m)	portier (en)	[pɔː'tʲeː]

Restaurant (n)	restaurang (en)	[rɛstɔ'raŋ]
Bar (f)	bar (en)	['bar]
Frühstück (n)	frukost (en)	['frʉːkɔst]
Abendessen (n)	kvällsmat (en)	['kvɛlʲs͵mat]
Buffet (n)	buffet (en)	[bu'fet]

Foyer (n)	lobby (en)	['lʲɔbi]
Aufzug (m), Fahrstuhl (m)	hiss (en)	['his]

BITTE NICHT STÖREN!	STÖR EJ!	['støːr ɛj]
RAUCHEN VERBOTEN!	RÖKNING FÖRBJUDEN	['rœkniŋ før'bjʉːdən]

22. Sehenswürdigkeiten

Denkmal (n)	monument (ett)	[mɔnu'mɛnt]
Festung (f)	fästning (en)	['fɛstniŋ]
Palast (m)	palats (ett)	[pa'lʲats]
Schloss (n)	borg (en)	['bɔrj]
Turm (m)	torn (ett)	['tuːŋ]
Mausoleum (n)	mausoleum (ett)	[mausu'lʲeum]

Architektur (f)	arkitektur (en)	[arkitɛk'tʉːr]
mittelalterlich	medeltida	['medəlʲ͵tida]
alt (antik)	gammal	['gamalʲ]
national	nationell	[natŋʉ'nɛlʲ]
berühmt	berömd	[be'rœmd]

Tourist (m)	**turist (en)**	[tu'rist]
Fremdenführer (m)	**guide (en)**	['gajd]
Ausflug (m)	**utflykt (en)**	['ʉt͡,flʲykt]
zeigen (vt)	**att visa**	[at 'visa]
erzählen (vt)	**att berätta**	[at be'ræta]
finden (vt)	**att hitta**	[at 'hita]
sich verlieren	**att gå vilse**	[at 'goː 'vilʲsə]
Karte (f) (U-Bahn ~)	**karta (en)**	['kaːʈa]
Karte (f) (Stadt-)	**karta (en)**	['kaːʈa]
Souvenir (n)	**souvenir (en)**	[sʉvɛ'niːr]
Souvenirladen (m)	**souvenirbutik (en)**	[sʉvɛ'niːr bu'tik]
fotografieren (vt)	**att fotografera**	[at fʊtʊgra'fera]
sich fotografieren	**att bli fotograferad**	[at bli fʊtʊgra'ferad]

T&P BOOKS

TRANSPORT

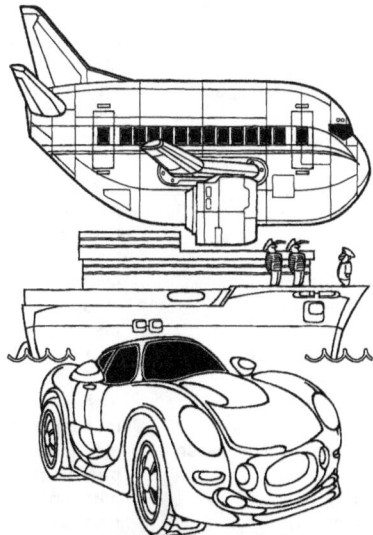

T&P Books Publishing

Flughafen (m)	flygplats (en)	['fliyg,pliats]
Flugzeug (n)	flygplan (ett)	['fliygplian]
Fluggesellschaft (f)	flygbolag (ett)	['fliyg,buliag]
Fluglotse (m)	flygledare (en)	['fliyg,liedarə]
Abflug (m)	avgång (en)	['av,gɔŋ]
Ankunft (f)	ankomst (en)	['aŋ,kɔmst]
anfliegen (vi)	att ankomma	[at 'aŋ,kɔma]
Abflugzeit (f)	avgångstid (en)	['avgɔŋs,tid]
Ankunftszeit (f)	ankomsttid (en)	['aŋkɔmst,tid]
sich verspäten	att bli försenad	[at bli fœ:'ṣɛnad]
Abflugverspätung (f)	avgångsförsening (en)	['avgɔŋs,fœ:'ṣɛniŋ]
Anzeigetafel (f)	informationstavla (en)	[informa'ɧʊns,tavlia]
Information (f)	information (en)	[informa'ɧʊn]
anzeigen (vt)	att meddela	[at 'me,delia]
Flug (m)	flyg (ett)	['fliyg]
Zollamt (n)	tull (en)	['tuli]
Zollbeamter (m)	tulltjänsteman (en)	['tuli 'ɕɛnstə,man]
Zolldeklaration (f)	tulldeklaration (en)	['tuli,dɛkliara'ɧʊn]
ausfüllen (vt)	att fylla i	[at 'fylia 'i]
die Zollerklärung ausfüllen	att fylla i en tulldeklaration	[at 'fylia i en 'tuli,dɛkliara'ɧʊn]
Passkontrolle (f)	passkontroll (en)	['paskɔn,troli]
Gepäck (n)	bagage (ett)	[ba'ga:ʃ]
Handgepäck (n)	handbagage (ett)	['hand ba,ga:ʃ]
Kofferkuli (m)	bagagevagn (en)	[ba'ga:ʃ ,vagn]
Landung (f)	landning (en)	['liandniŋ]
Landebahn (f)	landningsbana (en)	['liandniŋs,bana]
landen (vi)	att landa	[at 'lianda]
Fluggasttreppe (f)	trappa (en)	['trapa]
Check-in (n)	incheckning (en)	['in,ɕɛkniŋ]
Check-in-Schalter (m)	incheckningsdisk (en)	['in,ɕɛkniŋs 'disk]
sich registrieren lassen	att checka in	[at 'ɕɛka in]
Bordkarte (f)	boardingkort (ett)	['bɔ:diŋ,kɔ:t]
Abfluggate (n)	gate (en)	['gejt]
Transit (m)	transit (en)	['transit]

warten (vi)	att vänta	[at 'vɛnta]
Wartesaal (m)	väntsal (en)	['vɛnt͜sal]
begleiten (vt)	att vinka av	[at 'viŋka av]
sich verabschieden	att säga adjö	[at 'sɛːja a'jøː]

24. Flugzeug

Flugzeug (n)	flygplan (ett)	['flʲygplʲan]
Flugticket (n)	flygbiljett (en)	['flʲyg biˌlʲet]
Fluggesellschaft (f)	flygbolag (ett)	['flʲygˌbulʲag]
Flughafen (m)	flygplats (en)	['flʲygˌplʲats]
Überschall-	överljuds-	['øːvərjuːds-]

Flugkapitän (m)	kapten (en)	[kap'ten]
Besatzung (f)	besättning (en)	[be'sætniŋ]
Pilot (m)	pilot (en)	[pi'lʲut]
Flugbegleiterin (f)	flygvärdinna (en)	['flʲygˌvæːɟina]
Steuermann (m)	styrman (en)	['styrˌman]

Flügel (pl)	vingar (pl)	['viŋar]
Schwanz (m)	stjärtfena (en)	['ɧæːʈ feːna]
Kabine (f)	cockpit, förarkabin (en)	['kɔkpit], ['føːrarˌka'bin]
Motor (m)	motor (en)	['mutur]
Fahrgestell (n)	landningsställ (ett)	['landniŋsˌstɛlʲ]
Turbine (f)	turbin (en)	[tur'bin]

Propeller (m)	propeller (en)	[prʊ'pɛlʲər]
Flugschreiber (m)	svart låda (en)	['svaːʈ 'lʲoːda]
Steuerrad (n)	styrspak (ett)	['styːˌspak]
Treibstoff (m)	bränsle (ett)	['brɛnslʲe]
Sicherheitskarte (f)	säkerhetsinstruktion (en)	['sɛːkərhets instruk'ɧun]
Sauerstoffmaske (f)	syremask (en)	['syreˌmask]
Uniform (f)	uniform (en)	[uni'fɔrm]
Rettungsweste (f)	räddningsväst (en)	['rɛdniŋˌvɛst]
Fallschirm (m)	fallskärm (en)	['falʲˌɧæːrm]

Abflug, Start (m)	start (en)	['staːʈ]
aufsteigen, starten (vi)	att lyfta	[at 'lʲyfta]
Startbahn (f)	startbana (en)	['staːʈˌbaːna]

Sicht (f)	siktbarhet (en)	['siktbarˌhet]
Flug (m)	flygning (en)	['flʲygniŋ]
Höhe (f)	höjd (en)	['hœjd]
Luftloch (n)	luftgrop (en)	['lʊftˌgrʊp]

Platz (m)	plats (en)	['plʲats]
Kopfhörer (m)	hörlurar (pl)	['hœːˌlʲʉːrar]
Klapptisch (m)	utfällbart bord (ett)	['ʉtfɛlʲˌbaʈ 'buːɖ]
Bullauge (n)	fönster (ett)	['fœnstər]
Durchgang (m)	mittgång (en)	['mitˌgɔŋ]

25. Zug

Zug (m)	tåg (ett)	['to:g]
elektrischer Zug (m)	lokaltåg, pendeltåg (ett)	[lʲɔ'kalʲˌto:g], ['pendəlˌto:g],
Schnellzug (m)	expresståg (ett)	[ɛks'prɛsˌto:g]
Diesellok (f)	diesellokomotiv (ett)	['diselʲ lʲɔkɔmɔ'tiv]
Dampflok (f)	ånglokomotiv (en)	['ɔŋˌlʲɔkɔmɔ'tiv]
Personenwagen (m)	vagn (en)	['vagn]
Speisewagen (m)	restaurangvagn (en)	[rɛstɔ'raŋˌvagn]
Schienen (pl)	räls, rälsar (pl)	['rɛlʲs], ['rɛlʲsar]
Eisenbahn (f)	järnväg (en)	['jæːˌnˌvɛːg]
Bahnschwelle (f)	sliper (en)	['slipər]
Bahnsteig (m)	perrong (en)	[pɛ'rɔŋ]
Gleis (n)	spår (ett)	['spo:r]
Eisenbahnsignal (n)	semafor (en)	[sema'for]
Station (f)	station (en)	[sta'ɧʊn]
Lokomotivführer (m)	lokförare (en)	['lʲʊkˌfø:rarə]
Träger (m)	bärare (en)	['bæːrarə]
Schaffner (m)	tågvärd (en)	['to:gˌvæːɖ]
Fahrgast (m)	passagerare (en)	[pasa'ɧerarə]
Fahrkartenkontrolleur (m)	kontrollant (en)	[kontrɔ'lʲant]
Flur (m)	korridor (en)	[kɔri'dɔ:r]
Notbremse (f)	nödbroms (en)	['nø:dˌbrɔms]
Abteil (n)	kupé (en)	[kʉ'pe:]
Liegeplatz (m), Schlafkoje (f)	slaf, säng (en)	['slaf], ['sɛŋ]
oberer Liegeplatz (m)	överslaf (en)	['øvəˌslaf]
unterer Liegeplatz (m)	underslaf (en)	['undəˌslaf]
Bettwäsche (f)	sängkläder (pl)	['sɛŋˌklʲɛ:dər]
Fahrkarte (f)	biljett (en)	[bi'lʲet]
Fahrplan (m)	tidtabell (en)	['tid ta'bɛlʲ]
Anzeigetafel (f)	informationstavla (en)	[infɔrma'ɧʊnsˌtavlʲa]
abfahren (vi) (der Zug)	att avgå	[at 'avˌgo:]
Abfahrt (f)	avgång (en)	['avˌgɔŋ]
ankommen (vi) (der Zug)	att ankomma	[at 'aŋˌkɔma]
Ankunft (f)	ankomst (en)	['aŋˌkɔmst]
mit dem Zug kommen	att ankomma med tåget	[at 'aŋˌkɔma me 'to:gət]
in den Zug einsteigen	att stiga på tåget	[at 'stiga pɔ 'to:gət]
aus dem Zug aussteigen	att stiga av tåget	[at 'stiga av 'to:gət]
Zugunglück (n)	tågolycka (en)	['to:g ʊ:'lʲyka]
entgleisen (vi)	att spåra ur	[at 'spo:ra ʉ:r]
Dampflok (f)	ånglokomotiv (en)	['ɔŋˌlʲɔkɔmɔ'tiv]

Heizer (m)	eldare (en)	['ɛlʲdarə]
Feuerbuchse (f)	eldstad (en)	['ɛlʲdˌstad]
Kohle (f)	kol (ett)	['kɔlʲ]

26. Schiff

| Schiff (n) | skepp (ett) | ['ɧɛp] |
| Fahrzeug (n) | fartyg (ett) | ['faːˌtyg] |

Dampfer (m)	ångbåt (en)	['ɔŋˌboːt]
Motorschiff (n)	flodbåt (en)	['flʲʊdˌboːt]
Kreuzfahrtschiff (n)	kryssningfartyg (ett)	['krysniŋˌfaːˈtyg]
Kreuzer (m)	kryssare (en)	['krʏsarə]

Jacht (f)	jakt (en)	['jakt]
Schlepper (m)	bogserbåt (en)	['bʊksɛːrˌboːt]
Lastkahn (m)	pråm (en)	['proːm]
Fähre (f)	färja (en)	['fæːrja]

| Segelschiff (n) | segelbåt (en) | ['segəlʲˌboːt] |
| Brigantine (f) | brigantin (en) | [brigan'tin] |

| Eisbrecher (m) | isbrytare (en) | ['isˌbrytarə] |
| U-Boot (n) | ubåt (en) | [ʉ:'boːt] |

Boot (n)	båt (en)	['boːt]
Dingi (n), Beiboot (n)	jolle (en)	['jɔlʲe]
Rettungsboot (n)	livbåt (en)	['livˌboːt]
Motorboot (n)	motorbåt (en)	['mʊtʊrˌboːt]

Kapitän (m)	kapten (en)	[kap'ten]
Matrose (m)	matros (en)	[ma'trʊs]
Seemann (m)	sjöman (en)	['ɧøːˌman]
Besatzung (f)	besättning (en)	[be'sætniŋ]

Bootsmann (m)	båtsman (en)	['bɔtsman]
Schiffsjunge (m)	jungman (en)	['jʉŋˌman]
Schiffskoch (m)	kock (en)	['kɔk]
Schiffsarzt (m)	skeppsläkare (en)	['ɧɛpˌlʲɛːkarə]

Deck (n)	däck (ett)	['dɛk]
Mast (m)	mast (en)	['mast]
Segel (n)	segel (ett)	['segəlʲ]

Schiffsraum (m)	lastrum (ett)	['lʲastˌruːm]
Bug (m)	bog (en)	['bʊg]
Heck (n)	akter (en)	['aktər]
Ruder (n)	åra (en)	['oːra]
Schraube (f)	propeller (en)	[prʊ'pɛlʲər]
Kajüte (f)	hytt (en)	['hʏt]

Messe (f)	officersmäss (en)	[ɔfi'se:rsˌmɛs]
Maschinenraum (m)	maskinrum (ett)	[ma'ɧi:nˌru:m]
Kommandobrücke (f)	kommandobrygga (en)	[kɔm'anduˌbrʏga]
Funkraum (m)	radiohytt (en)	['radiʊˌhʏt]
Radiowelle (f)	våg (en)	['vo:g]
Schiffstagebuch (n)	loggbok (en)	['lˡɔgˌbʊk]
Fernrohr (n)	tubkikare (en)	['tʉbˌɕikarə]
Glocke (f)	klocka (en)	['klˡɔka]
Fahne (f)	flagga (en)	['flˡaga]
Seil (n)	tross (en)	['trɔs]
Knoten (m)	knop, knut (en)	['knʊp], ['knʉt]
Geländer (n)	räcken (pl)	['rɛkən]
Treppe (f)	landgång (en)	['lˡandˌgɔŋ]
Anker (m)	ankar (ett)	['aŋkar]
den Anker lichten	att lätta ankar	[at 'lˡæta 'aŋkar]
Anker werfen	att kasta ankar	[at 'kasta 'aŋkar]
Ankerkette (f)	ankarkätting (en)	['aŋkarˌɕætiŋ]
Hafen (m)	hamn (en)	['hamn]
Anlegestelle (f)	kaj (en)	['kaj]
anlegen (vi)	att förtöja	[at fœ:'ʈœ:ja]
abstoßen (vt)	att kasta loss	[at 'kasta 'lˡɔs]
Reise (f)	resa (en)	['resa]
Kreuzfahrt (f)	kryssning (en)	['krʏsniŋ]
Kurs (m), Richtung (f)	kurs (en)	['ku:ʂ]
Reiseroute (f)	rutt (en)	['rut]
Fahrwasser (n)	farled, segelled (en)	['fa:lˡed], ['segəlˌled]
Untiefe (f)	grund (ett)	['grʉnd]
stranden (vi)	att gå på grund	[at 'go: pɔ 'grʉnd]
Sturm (m)	storm (en)	['stɔrm]
Signal (n)	signal (en)	[sig'nalˡ]
untergehen (vi)	att sjunka	[at 'ɧuŋka]
Mann über Bord!	Man överbord!	['man 'ø:vəˌbu:ɖ]
SOS	SOS	[ɛso'ɛs]
Rettungsring (m)	livboj (en)	['livˌbɔj]

STADT

T&P Books Publishing

27. Innerstädtischer Transport

Bus (m)	buss (en)	['bus]
Straßenbahn (f)	spårvagn (en)	['spoːrˌvagn]
Obus (m)	trådbuss (en)	['troːdˌbus]
Linie (f)	rutt (en)	['rut]
Nummer (f)	nummer (ett)	['numər]
mit … fahren	att åka med …	[at 'oːka me …]
einsteigen (vi)	att stiga på …	[at 'stiga pɔ …]
aussteigen (aus dem Bus)	att stiga av …	[at 'stiga 'av …]
Haltestelle (f)	hållplats (en)	['hoːlʲˌplats]
nächste Haltestelle (f)	nästa hållplats (en)	['nɛsta 'hɔːlʲˌplats]
Endhaltestelle (f)	slutstation (en)	['slʉtˌsta'ɧʊn]
Fahrplan (m)	tidtabell (en)	['tid ta'bɛlʲ]
warten (vi, vt)	att vänta	[at 'vɛnta]
Fahrkarte (f)	biljett (en)	[bi'lʲet]
Fahrpreis (m)	biljettpris (ett)	[bi'lʲetˌpris]
Kassierer (m)	kassör (en)	[ka'søːr]
Fahrkartenkontrolle (f)	biljettkontroll (en)	[bi'lʲet kɔn'trolʲ]
Fahrkartenkontrolleur (m)	kontrollant (en)	[kɔntrɔ'lʲant]
sich verspäten	att komma för sent	[at 'kɔma før 'sɛnt]
versäumen (Zug usw.)	att komma för sent till …	[at 'kɔma før 'sɛnt tilʲ …]
sich beeilen	att skynda sig	[at 'ɧynda sɛj]
Taxi (n)	taxi (en)	['taksi]
Taxifahrer (m)	taxichaufför (en)	['taksi ɧɔ'føːr]
mit dem Taxi	med taxi	[me 'taksi]
Taxistand (m)	taxihållplats (en)	['taksi 'hoːlʲˌplʲats]
ein Taxi bestellen	att ringa efter taxi	[at 'riŋa ˌɛftə 'taksi]
ein Taxi nehmen	att ta en taxi	[at ta en 'taksi]
Straßenverkehr (m)	trafik (en)	[tra'fik]
Stau (m)	trafikstopp (ett)	[tra'fikˌstɔp]
Hauptverkehrszeit (f)	rusningstid (en)	['rusniŋsˌtid]
parken (vi)	att parkera	[at par'kera]
parken (vt)	att parkera	[at par'kera]
Parkplatz (m)	parkeringsplats (en)	[par'keriŋsˌplʲats]
U-Bahn (f)	tunnelbana (en)	['tunəlʲˌbana]
Station (f)	station (en)	[sta'ɧʊn]
mit der U-Bahn fahren	att ta tunnelbanan	[at ta 'tunəlʲˌbanan]

Zug (m)	tåg (ett)	['to:g]
Bahnhof (m)	tågstation (en)	['to:g‚sta'ʃʊn]

28. Stadt. Leben in der Stadt

Stadt (f)	stad (en)	['stad]
Hauptstadt (f)	huvudstad (en)	['hʉ:vʉd‚stad]
Dorf (n)	by (en)	['by]

Stadtplan (m)	stadskarta (en)	['stads‚ka:ʈa]
Stadtzentrum (n)	centrum (ett)	['sɛntrum]
Vorort (m)	förort (en)	['før‚ʊ:t]
Vorort-	förorts-	['før‚ʊ:ts-]

Stadtrand (m)	utkant (en)	['ʉt‚kant]
Umgebung (f)	omgivningar (pl)	['ɔm‚ji:vniŋar]
Stadtviertel (n)	kvarter (ett)	[kva:'ʈər]
Wohnblock (m)	bostadskvarter (ett)	['bʊstads‚kva:'ʈər]

Straßenverkehr (m)	trafik (en)	[tra'fik]
Ampel (f)	trafikljus (ett)	[tra'fik‚jʉ:s]
Stadtverkehr (m)	offentlig transport (en)	[ɔ'fɛntli trans'pɔ:t]
Straßenkreuzung (f)	korsning (en)	['kɔ:ʂniŋ]

Übergang (m)	övergångsställe (ett)	['ø:vergɔŋs‚stɛlˡe]
Fußgängerunterführung (f)	gångtunnel (en)	['gɔŋ‚tunəlˡ]
überqueren (vt)	att gå över	[at 'go: 'ø:vər]
Fußgänger (m)	fotgängare (en)	['fʊt‚jenarə]
Gehweg (m)	trottoar (en)	[trotʊ'ar]

Brücke (f)	bro (en)	['brʊ]
Kai (m)	kaj (en)	['kaj]
Springbrunnen (m)	fontän (en)	[fon'tɛn]

Allee (f)	allé (en)	[a'lˡe:]
Park (m)	park (en)	['park]
Boulevard (m)	boulevard (en)	[bʊlˡe'va:d]
Platz (m)	torg (ett)	['tɔrj]
Prospekt (m)	aveny (en)	[ave'ny]
Straße (f)	gata (en)	['gata]
Gasse (f)	sidogata (en)	['sidʊ‚gata]
Sackgasse (f)	återvändsgränd (en)	['o:tərvɛns‚grɛnd]

Haus (n)	hus (ett)	['hʉs]
Gebäude (n)	byggnad (en)	['bʏgnad]
Wolkenkratzer (m)	skyskrapa (en)	['ʃy‚skrapa]

Fassade (f)	fasad (en)	[fa'sad]
Dach (n)	tak (ett)	['tak]
Fenster (n)	fönster (ett)	['fœnstər]

Bogen (m)	båge (en)	['boːgə]
Säule (f)	kolonn (en)	[kʊ'lʲɔn]
Ecke (f)	knut (en)	['knʉt]

Schaufenster (n)	skyltfönster (ett)	['ɧylʲt͵fœnstər]
Schild (n) (Aushänge-)	skylt (en)	['ɧylʲt]
Anschlag (m)	affisch (en)	[a'fiːʃ]
Werbeposter (m)	reklamplakat (ett)	[rɛ'klʲam͵plʲa'kat]
Werbeschild (n)	reklamskylt (en)	[rɛ'klʲam͵ɧylʲt]

Müll (m)	sopor, avfall (ett)	['sʊpʊr], ['avfalʲ]
Mülleimer (m)	soptunna (en)	['sʊp͵tuna]
Abfall wegwerfen	att skräpa ner	[at 'skrɛːpa ner]
Mülldeponie (f)	soptipp (en)	['sʊp͵tip]

Telefonzelle (f)	telefonkiosk (en)	[telʲe'fɔn͵ɕøsk]
Straßenlaterne (f)	lyktstolpe (en)	['lʲyk͵stɔlʲpə]
Bank (f) (Park-)	bänk (ett)	['bɛŋk]

Polizist (m)	polis (en)	[pʊ'lis]
Polizei (f)	polis (en)	[pʊ'lis]
Bettler (m)	tiggare (en)	['tigarə]
Obdachlose (m)	hemlös (ett)	['hɛmlʲøːs]

29. Innerstädtische Einrichtungen

Laden (m)	affär, butik (en)	[a'fæːr], [bu'tik]
Apotheke (f)	apotek (ett)	[apʊ'tek]
Optik (f)	optiker (en)	['ɔptikər]
Einkaufszentrum (n)	köpcenter (ett)	['ɕøːp͵sɛntɛr]
Supermarkt (m)	snabbköp (ett)	['snab͵ɕøːp]

Bäckerei (f)	bageri (ett)	[bage'riː]
Bäcker (m)	bagare (en)	['bagarə]
Konditorei (f)	konditori (ett)	[kɔnditʊ'riː]
Lebensmittelladen (m)	speceriaffär (en)	[spese'ri a'fæːr]
Metzgerei (f)	slaktare butik (en)	['slʲaktarə bu'tik]

| Gemüseladen (m) | grönsakshandel (en) | ['grøːnsaks͵handəlʲ] |
| Markt (m) | marknad (en) | ['marknad] |

Kaffeehaus (n)	kafé (ett)	[ka'feː]
Restaurant (n)	restaurang (en)	[rɛstɔ'raŋ]
Bierstube (f)	pub (en)	['pub]
Pizzeria (f)	pizzeria (en)	[pitse'ria]

Friseursalon (m)	frisersalong (en)	['frisər ʂa͵lʲɔŋ]
Post (f)	post (en)	['pɔst]
chemische Reinigung (f)	kemtvätt (en)	['ɕemtvæt]
Fotostudio (n)	fotoateljé (en)	['fʊtʊ atə͵ljeː]

Schuhgeschäft (n)	skoaffär (en)	['skʊːaˌfæːr]
Buchhandlung (f)	bokhandel (en)	['bʊkˌhandəlʲ]
Sportgeschäft (n)	sportaffär (en)	['spɔːʈ aˈfæːr]

Kleiderreparatur (f)	klädreparationer (en)	['klʲɛd 'reparaˌɧʊnər]
Bekleidungsverleih (m)	kläduthyrning (en)	['klʲɛd ʉ'tyːɳiɳ]
Videothek (f)	filmuthyrning (en)	['filʲm ʉ'tyːɳiɳ]

Zirkus (m)	cirkus (en)	['sirkʉs]
Zoo (m)	zoo (ett)	['sʊː]
Kino (n)	biograf (en)	[biʊ'graf]
Museum (n)	museum (ett)	[mʉ'seum]
Bibliothek (f)	bibliotek (ett)	[bibliʊ'tek]

Theater (n)	teater (en)	[te'atər]
Opernhaus (n)	opera (en)	['ʊpera]
Nachtklub (m)	nattklubb (en)	['natˌklʉb]
Kasino (n)	kasino (ett)	[ka'sinʊ]

Moschee (f)	moské (en)	[mʊs'keː]
Synagoge (f)	synagoga (en)	['synaˌgɔga]
Kathedrale (f)	katedral (en)	[katɛ'dralʲ]
Tempel (m)	tempel (ett)	['tɛmpəlʲ]
Kirche (f)	kyrka (en)	['ɕyrka]

Institut (n)	institut (ett)	[insti'tʉt]
Universität (f)	universitet (ett)	[univɛʂi'tet]
Schule (f)	skola (en)	['skʊlʲa]

Präfektur (f)	prefektur (en)	[prefɛk'tʉːr]
Rathaus (n)	rådhus (en)	['rɔdˌhʉs]
Hotel (n)	hotell (ett)	[hʊ'tɛlʲ]
Bank (f)	bank (en)	['baŋk]

Botschaft (f)	ambassad (en)	[amba'sad]
Reisebüro (n)	resebyrå (en)	['resebyˌrɔː]
Informationsbüro (n)	informationsbyrå (en)	[inˈfɔrma'ɧʊns byˌrɔː]
Wechselstube (f)	växelkontor (ett)	['vɛksəlʲ kɔn'tʊr]

| U-Bahn (f) | tunnelbana (en) | ['tunəlʲˌbana] |
| Krankenhaus (n) | sjukhus (ett) | ['ɧʉːkˌhʉs] |

| Tankstelle (f) | bensinstation (en) | [bɛn'sinˌsta'ɧʊn] |
| Parkplatz (m) | parkeringsplats (en) | [par'keriɳsˌplʲats] |

30. Schilder

Schild (n)	skylt (en)	['ɧylʲt]
Aufschrift (f)	inskrift (en)	['inˌskrift]
Plakat (n)	poster, löpsedel (en)	['pɔstər], ['løpˌsedəlʲ]

Wegweiser (m)	**vägvisare (en)**	['vɛ:gˌvisarə]
Pfeil (m)	**pil (en)**	['pilʲ]
Vorsicht (f)	**varning (en)**	['va:nʲiŋ]
Warnung (f)	**varningsskylt (en)**	['va:nʲiŋs ˌɧylʲt]
warnen (vt)	**att varna**	[at 'va:ɳa]
freier Tag (m)	**fridag (en)**	['friˌdag]
Plan (m)	**tidtabell (en)**	['tid ta'bɛlʲ]
Öffnungszeiten (pl)	**öppettider (pl)**	['øpetˌti:dər]
HERZLICH WILLKOMMEN!	**VÄLKOMMEN!**	['vɛlʲˌkɔmən]
EINGANG	**INGÅNG**	['inˌgɔŋ]
AUSGANG	**UTGÅNG**	['ʉtˌgɔŋ]
DRÜCKEN	**TRYCK**	['trʏk]
ZIEHEN	**DRAG**	['drag]
GEÖFFNET	**ÖPPET**	['øpet]
GESCHLOSSEN	**STÄNGT**	['stɛŋt]
DAMEN, FRAUEN	**DAMER**	['damər]
HERREN, MÄNNER	**HERRAR**	['hɛ'rar]
AUSVERKAUF	**RABATT**	[ra'bat]
REDUZIERT	**REA**	['rea]
NEU!	**NYHET!**	['nyhet]
GRATIS	**GRATIS**	['gratis]
ACHTUNG!	**OBS!**	['ɔbs]
ZIMMER BELEGT	**FUIIBOKAT**	['fulʲˌbʊkat]
RESERVIERT	**RESERVERAT**	[resɛr'verat]
VERWALTUNG	**ADMINISTRATION**	[administra'ɧʊn]
NUR FÜR PERSONAL	**ENDAST PERSONAL**	['ɛndast pɛʂʊ'nalʲ]
VORSICHT BISSIGER HUND	**VARNING FÖR HUNDEN**	['va:nʲiŋ før 'hundən]
RAUCHEN VERBOTEN!	**RÖKNING FÖRBJUDEN**	['rœknʲiŋ før'bjʉ:dən]
BITTE NICHT BERÜHREN	**FÅR EJ VIDRÖRAS!**	['fo:r ej 'vidrø:ras]
GEFÄHRLICH	**FARLIG**	['fa:lʲig]
VORSICHT!	**FARA**	['fara]
HOCHSPANNUNG	**HÖGSPÄNNING**	['hø:gˌspɛnʲiŋ]
BADEN VERBOTEN	**BADNING FÖRBJUDEN**	['badnʲiŋ før'bjʉ:dən]
AUßER BETRIEB	**UR FUNKTION**	['ʉr fuŋk'ɧʊn]
LEICHTENTZÜNDLICH	**BRANDFARLIG**	['brandˌfa:lʲig]
VERBOTEN	**FÖRBJUD**	[før'bjʉ:d]
DURCHGANG VERBOTEN	**TIIITRÄDE FÖRBJUDET**	['tilʲtrɛ:də før'bjʉ:dət]
FRISCH GESTRICHEN	**NYMÅLAT**	['nyˌmo:lʲat]

31. Shopping

kaufen (vt)	**att köpa**	[at 'ɕøːpa]
Einkauf (m)	**inköp (ett)**	['inˌɕøːp]
einkaufen gehen	**att shoppa**	[at 'ʃɔpa]
Einkaufen (n)	**shopping (en)**	['ʃɔpiŋ]
offen sein (Laden)	**att vara öppen**	[at 'vara 'øpən]
zu sein	**att vara stängd**	[at 'vara stɛŋd]
Schuhe (pl)	**skodon (pl)**	['skʊdʊn]
Kleidung (f)	**kläder (pl)**	['klʲɛːdər]
Kosmetik (f)	**kosmetika (en)**	[kɔs'mɛtika]
Lebensmittel (pl)	**matvaror (pl)**	['matˌvarʊr]
Geschenk (n)	**gåva, present (en)**	['goːva], [pre'sɛnt]
Verkäufer (m)	**försäljare (en)**	[fœː'ʂɛljarə]
Verkäuferin (f)	**försäljare (en)**	[fœː'ʂɛljarə]
Kasse (f)	**kassa (en)**	['kasa]
Spiegel (m)	**spegel (en)**	['spegəlʲ]
Ladentisch (m)	**disk (en)**	['disk]
Umkleidekabine (f)	**provrum (ett)**	['prʊvˌruːm]
anprobieren (vt)	**att prova**	[at 'prʊva]
passen (Schuhe, Kleid)	**att passa**	[at 'pasa]
gefallen (vi)	**att gilla**	[at 'jilʲa]
Preis (m)	**pris (ett)**	['pris]
Preisschild (n)	**prislapp (en)**	['prisˌlʲap]
kosten (vt)	**att kosta**	[at 'kɔsta]
Wie viel?	**Hur mycket?**	[hʉr 'mʏkə]
Rabatt (m)	**rabatt (en)**	[ra'bat]
preiswert	**billig**	['bilig]
billig	**billig**	['bilig]
teuer	**dyr**	['dyr]
Das ist teuer	**Det är dyrt**	[dɛ æːr 'dyːt]
Verleih (m)	**uthyrning (en)**	['ʉtˌhyŋiŋ]
leihen, mieten	**att hyra**	[at 'hyra]
(ein Auto usw.)		
Kredit (m), Darlehen (n)	**kredit (en)**	[kre'dit]
auf Kredit	**på kredit**	[pɔ kre'dit]

T&P BOOKS

KLEIDUNG & ACCESSOIRES

T&P Books Publishing

32. Oberbekleidung. Mäntel

Kleidung (f)	kläder (pl)	['klʲɛ:dər]
Oberkleidung (f)	ytterkläder	['ytə‚klʲɛ:dər]
Winterkleidung (f)	vinterkläder (pl)	['vintə‚klʲɛ:dər]

Mantel (m)	rock, kappa (en)	['rɔk], ['kapa]
Pelzmantel (m)	päls (en)	['pɛlʲs]
Pelzjacke (f)	pälsjacka (en)	['pɛlʲsˌjaka]
Daunenjacke (f)	dunjacka (en)	['dʉ:nˌjaka]

Jacke (f) (z.B. Lederjacke)	jacka (en)	['jaka]
Regenmantel (m)	regnrock (en)	['rɛgnˌrɔk]
wasserdicht	vattentät	['vatənˌtɛt]

33. Herren- & Damenbekleidung

Hemd (n)	skjorta (en)	['fʉ:ʈa]
Hose (f)	byxor (pl)	['byksʊr]
Jeans (pl)	jeans (en)	['jins]
Jackett (n)	kavaj (en)	[ka'vaj]
Anzug (m)	kostym (en)	[kɔs'tym]

Damenkleid (n)	klänning (en)	['klʲɛniŋ]
Rock (m)	kjol (en)	['ɕø:lʲ]
Bluse (f)	blus (en)	['blʉ:s]
Strickjacke (f)	stickad tröja (en)	['stikad 'trøja]
Jacke (f) (Damen Kostüm)	dräktjacka, kavaj (en)	['drɛkt 'jaka], ['kavaj]

T-Shirt (n)	T-shirt (en)	['ti:ʃɔ:t]
Shorts (pl)	shorts (en)	['ʃɔ:ts]
Sportanzug (m)	träningsoverall (en)	['trɛ:niŋs ɔve'rɔ:lʲ]
Bademantel (m)	morgonrock (en)	['mɔrgɔnˌrɔk]
Schlafanzug (m)	pyjamas (en)	[py'jamas]

| Sweater (m) | sweater, tröja (en) | ['svitər], ['trøja] |
| Pullover (m) | pullover (en) | [pu'lʲɔ:ver] |

Weste (f)	väst (en)	['vɛst]
Frack (m)	frack (en)	['frak]
Smoking (m)	smoking (en)	['smɔkiŋ]

| Uniform (f) | uniform (en) | [uni'fɔrm] |
| Arbeitskleidung (f) | arbetskläder (pl) | ['arbetsˌklʲɛ:dər] |

| Overall (m) | overall (en) | ['ɔvəˌrɔːlʲ] |
| Kittel (m) (z.B. Arztkittel) | rock (en) | ['rɔk] |

34. Kleidung. Unterwäsche

Unterwäsche (f)	underkläder (pl)	['undəˌklʲɛːdər]
Herrenslip (m)	underbyxor (pl)	['undəˌbyksʊr]
Damenslip (m)	trosor (pl)	['trʊsʊr]
Unterhemd (n)	undertröja (en)	['undəˌtrøja]
Socken (pl)	sockor (pl)	['sɔkʊr]

Nachthemd (n)	nattlinne (ett)	['natˌlinə]
Büstenhalter (m)	behå (en)	[be'hoː]
Kniestrümpfe (pl)	knästrumpor (pl)	['knɛːˌstrumpʊr]
Strumpfhose (f)	strumpbyxor (pl)	['strumpˌbyksʊr]
Strümpfe (pl)	strumpor (pl)	['strumpʊr]
Badeanzug (m)	baddräkt (en)	['badˌdrɛkt]

35. Kopfbekleidung

Mütze (f)	hatt (en)	['hat]
Filzhut (m)	hatt (en)	['hat]
Baseballkappe (f)	baseballkeps (en)	['bejsbɔlʲ keps]
Schiebermütze (f)	keps (en)	['keps]

Baskenmütze (f)	basker (en)	['baskər]
Kapuze (f)	luva, kapuschong (en)	['lʉːva], [kapʉ'ɧɔːŋ]
Panamahut (m)	panamahatt (en)	['panamaˌhat]
Strickmütze (f)	luva (en)	['lʉːva]

| Kopftuch (n) | sjalett (en) | [ɧa'lʲet] |
| Damenhut (m) | hatt (en) | ['hat] |

Schutzhelm (m)	hjälm (en)	['jɛlʲm]
Feldmütze (f)	båtmössa (en)	['bɔtˌmœsa]
Helm (m) (z.B. Motorradhelm)	hjälm (en)	['jɛlʲm]

| Melone (f) | plommonstop (ett) | ['plʲumɔnˌstʊp] |
| Zylinder (m) | hög hatt, cylinder (en) | ['høːg ˌhat], [sy'lindər] |

36. Schuhwerk

Schuhe (pl)	skodon (pl)	['skʊdʊn]
Stiefeletten (pl)	skor (pl)	['skʊr]
Halbschuhe (pl)	damskor (pl)	['damˌskʊr]

Stiefel (pl)	stövlar (pl)	['støvlʲar]
Hausschuhe (pl)	tofflor (pl)	['tɔflʲʊr]

Tennisschuhe (pl)	tennisskor (pl)	['tɛnisˌskʊr]
Leinenschuhe (pl)	canvas skor (pl)	['kanvas ˌskʊr]
Sandalen (pl)	sandaler (pl)	[san'dalʲer]

Schuster (m)	skomakare (en)	['skʊˌmakarə]
Absatz (m)	klack (en)	['klʲak]
Paar (n)	par (ett)	['par]

Schnürsenkel (m)	skosnöre (ett)	['skʊˌsnø:rə]
schnüren (vt)	att snöra	[at 'snø:ra]
Schuhlöffel (m)	skohorn (ett)	['skʊˌhʊ:ŋ]
Schuhcreme (f)	skokräm (en)	['skʊˌkrɛm]

37. Persönliche Accessoires

Handschuhe (pl)	handskar (pl)	['hanskar]
Fausthandschuhe (pl)	vantar (pl)	['vantar]
Schal (m) (Kaschmir-)	halsduk (en)	['halʲsˌdʉ:k]

Brille (f)	glasögon (pl)	['glʲasˌø:gɔn]
Brillengestell (n)	båge (en)	['bo:gə]
Regenschirm (m)	paraply (ett)	[para'plʲy]
Spazierstock (m)	käpp (en)	['ɕɛp]
Haarbürste (f)	hårborste (en)	['ho:rˌbo:ʂtə]
Fächer (m)	solfjäder (en)	['sʊlʲˌfjɛ:dər]
Krawatte (f)	slips (en)	['slips]
Fliege (f)	fluga (en)	['flʉ:ga]
Hosenträger (pl)	hängslen (pl)	['hɛŋslʲən]
Taschentuch (n)	näsduk (en)	['nɛsˌdʉk]

Kamm (m)	kam (en)	['kam]
Haarspange (f)	hårklämma (ett)	['ho:rˌklʲɛma]
Haarnadel (f)	hårnål (en)	['ho:ˌŋo:lʲ]
Schnalle (f)	spänne (ett)	['spɛnə]

Gürtel (m)	bälte (ett)	['bɛlʲtə]
Umhängegurt (m)	rem (en)	['rem]
Tasche (f)	väska (en)	['vɛska]
Handtasche (f)	damväska (en)	['damˌvɛska]
Rucksack (m)	ryggsäck (en)	['rɣgˌsɛk]

38. Kleidung. Verschiedenes

Mode (f)	mode (ett)	['mʊdə]
modisch	modern	[mʊ'dɛ:ŋ]

Modedesigner (m)	modedesigner (en)	['mʊdə de'sajnər]
Kragen (m)	krage (en)	['kragə]
Tasche (f)	ficka (en)	['fika]
Taschen-	fick-	['fik-]
Ärmel (m)	ärm (en)	['æːrm]
Aufhänger (m)	hängband (ett)	['hɛŋ band]
Hosenschlitz (m)	gylf (en)	['gylʲf]

Reißverschluss (m)	blixtlås (ett)	['blikst,lʲoːs]
Verschluss (m)	knäppning (en)	['knɛpniŋ]
Knopf (m)	knapp (en)	['knap]
Knopfloch (n)	knapphål (ett)	['knap,hoːlʲ]
abgehen (vi) (Knopf usw.)	att lossna	[at 'lʲosna]

nähen (vi, vt)	att sy	[at sy]
sticken (vt)	att brodera	[at brʊ'dera]
Stickerei (f)	broderi (ett)	[brʊde'riː]
Nadel (f)	synål (en)	['sy,noːlʲ]
Faden (m)	tråd (en)	['troːd]
Naht (f)	söm (en)	['søːm]

sich beschmutzen	att smutsa ned sig	[at 'smutsa ned sɛj]
Fleck (m)	fläck (en)	['flʲɛk]
sich knittern	att bli skrynklig	[at bli 'skrʏŋklig]
zerreißen (vt)	att riva	[at 'riva]
Motte (f)	mal (en)	['malʲ]

39. Kosmetikartikel. Kosmetik

Zahnpasta (f)	tandkräm (en)	['tand,krɛm]
Zahnbürste (f)	tandborste (en)	['tand,boːʂtə]
Zähne putzen	att borsta tänderna	[at 'boːʂta 'tɛndɛːŋa]

Rasierer (m)	hyvel (en)	['hyvəlʲ]
Rasiercreme (f)	rakkräm (en)	['rak,krɛm]
sich rasieren	att raka sig	[at 'raka sɛj]

Seife (f)	tvål (en)	['tvoːlʲ]
Shampoo (n)	schampo (ett)	['ʃam,pʊ]

Schere (f)	sax (en)	['saks]
Nagelfeile (f)	nagelfil (en)	['nagəlʲ,filʲ]
Nagelzange (f)	nageltång (en)	['nagəlʲ,toŋ]
Pinzette (f)	pincett (en)	[pin'sɛt]

Kosmetik (f)	kosmetika (en)	[kos'mɛtika]
Gesichtsmaske (f)	ansiktsmask (en)	[an'sikts,mask]
Maniküre (f)	manikyr (en)	[mani'kyr]
Maniküre machen	att få manikyr	[at foː mani'kyr]
Pediküre (f)	pedikyr (en)	[pedi'kyr]

Kosmetiktasche (f)	kosmetikväska (en)	[kɔsmɛ'tik‚vɛska]
Puder (m)	puder (ett)	['pʉːdər]
Puderdose (f)	puderdosa (en)	['pʉːdɛ‚dؚoːsa]
Rouge (n)	rouge (ett)	['ruːʃ]

Parfüm (n)	parfym (en)	[par'fym]
Duftwasser (n)	eau de toilette (en)	['ɔːdetua‚lʲet]
Lotion (f)	rakvatten (ett)	['rak‚vatən]
Kölnischwasser (n)	eau de cologne (en)	['ɔːdekɔ‚lʲɔŋʲ]

Lidschatten (m)	ögonskugga (en)	['øːgɔn‚skuga]
Kajalstift (m)	ögonpenna (en)	['øːgɔn‚pɛna]
Wimperntusche (f)	mascara (en)	[ma'skara]

Lippenstift (m)	läppstift (ett)	['lʲɛp‚stift]
Nagellack (m)	nagellack (ett)	['nagəlʲ‚lʲak]
Haarlack (m)	hårspray (en)	['hoːr‚sprɛj]
Deodorant (n)	deodorant (en)	[deʊdʊ'rant]

Creme (f)	kräm (en)	['krɛm]
Gesichtscreme (f)	ansiktskräm (en)	[an'sikts‚krɛm]
Handcreme (f)	handkräm (en)	['hand‚krɛm]
Anti-Falten-Creme (f)	anti-rynkor kräm (en)	['anti‚rʏŋkʊr 'krɛm]
Tagescreme (f)	dagkräm (en)	['dag‚krɛm]
Nachtcreme (f)	nattkräm (en)	['nat‚krɛm]
Tages-	dag-	['dag-]
Nacht-	natt-	['nat-]

Tampon (m)	tampong (en)	[tam'pɔŋ]
Toilettenpapier (n)	toalettpapper (ett)	[tʊa'lʲet‚papər]
Föhn (m)	hårtork (en)	['hoː‚tʊrk]

40. Armbanduhren Uhren

Armbanduhr (f)	armbandsur (ett)	['armbands‚ʉːr]
Zifferblatt (n)	urtavla (en)	['ʉː‚tavlʲa]
Zeiger (m)	visare (en)	['visarə]
Metallarmband (n)	armband (ett)	['arm‚band]
Uhrenarmband (n)	armband (ett)	['arm‚band]

Batterie (f)	batteri (ett)	[batɛ'riː]
verbraucht sein	att bli urladdad	[at bli 'ʉː‚lʲadad]
die Batterie wechseln	att byta batteri	[at 'byta batɛ'riː]
vorgehen (vi)	att gå för fort	[at 'goː før 'foːt]
nachgehen (vi)	att gå för långsamt	[at 'goː før 'lʲɔŋ‚samt]

Wanduhr (f)	väggklocka (en)	['vɛg‚klʲɔka]
Sanduhr (f)	sandklocka (en)	['sand‚klʲɔka]
Sonnenuhr (f)	solklocka (en)	['sʊlʲ‚klʲɔka]
Wecker (m)	väckarklocka (en)	['vɛkar‚klʲɔka]

| Uhrmacher (m) | **urmakare (en)** | ['ʉrˌmakarə] |
| reparieren (vt) | **att reparera** | [at repa'rera] |

ALLTAGSERFAHRUNG

T&P Books Publishing

Geld (n)	pengar (pl)	['pɛŋar]
Austausch (m)	växling (en)	['vɛksliŋ]
Kurs (m)	kurs (en)	['kuːʂ]
Geldautomat (m)	bankomat (en)	[baŋkʊ'mat]
Münze (f)	mynt (ett)	['mʏnt]

| Dollar (m) | dollar (en) | ['dɔlʲar] |
| Euro (m) | euro (en) | ['ɛvrɔ] |

Lira (f)	lire (en)	['lirə]
Mark (f)	mark (en)	['mark]
Franken (m)	franc (en)	['fran]
Pfund Sterling (n)	pund sterling (ett)	['puŋ stɛr'liŋ]
Yen (m)	yen (en)	['jɛn]

Schuld (f)	skuld (en)	['skʉlʲd]
Schuldner (m)	gäldenär (en)	[jɛlʲdɛ'næːr]
leihen (vt)	att låna ut	[at 'lʲoːna ʉt]
leihen, borgen (Geld usw.)	att låna	[at 'lʲoːna]

Bank (f)	bank (en)	['baŋk]
Konto (n)	konto (ett)	['kɔntʊ]
einzahlen (vt)	att sätta in	[at 'sæta in]
auf ein Konto einzahlen	att sätta in på kontot	[at 'sæta in pɔ 'kɔntʊt]
abheben (vt)	att ta ut från kontot	[at ta ʉt frɔn 'kɔntʊt]

Kreditkarte (f)	kreditkort (ett)	[kre'dit̩kɔːt]
Bargeld (n)	kontanter (pl)	[kɔn'tantər]
Scheck (m)	check (en)	['ɕɛk]
einen Scheck schreiben	att skriva en check	[at 'skriva en 'ɕɛk]
Scheckbuch (n)	checkbok (en)	['ɕɛk̩bʊk]

Geldtasche (f)	plånbok (en)	['plʲoːn̩bʊk]
Geldbeutel (m)	börs (en)	['bø:ʂ]
Safe (m)	säkerhetsskåp (ett)	['sɛːkərhets̩skoːp]

Erbe (m)	arvinge (en)	['arviŋə]
Erbschaft (f)	arv (ett)	['arv]
Vermögen (n)	förmögenhet (en)	[før'møɡən̩het]

Pacht (f)	hyra (en)	['hyra]
Miete (f)	hyra (en)	['hyra]
mieten (vt)	att hyra	[at 'hyra]
Preis (m)	pris (ett)	['pris]

| Kosten (pl) | kostnad (en) | ['kɔstnad] |
| Summe (f) | summa (en) | ['suma] |

ausgeben (vt)	att lägga ut	[at 'lʲɛga ʉt]
Ausgaben (pl)	utgifter (pl)	['ʉtˌjiftər]
sparen (vt)	att spara	[at 'spara]
sparsam	sparsam	['spaːʂam]

zahlen (vt)	att betala	[at be'talʲa]
Lohn (m)	betalning (en)	[be'talʲniŋ]
Wechselgeld (n)	växel (en)	['vɛksəlʲ]

Steuer (f)	skatt (en)	['skat]
Geldstrafe (f)	bot (en)	['bʉt]
bestrafen (vt)	att bötfälla	[at 'bøtˌfɛlʲa]

42. Post. Postdienst

Post (f) (Postamt)	post (en)	['pɔst]
Post (f) (Postsendungen)	post (en)	['pɔst]
Briefträger (m)	brevbärare (en)	['brevˌbæːrarə]
Öffnungszeiten (pl)	öppettider (pl)	['øpetˌtiːdər]

Brief (m)	brev (ett)	['brev]
Einschreibebrief (m)	rekommenderat brev (ett)	[rekɔmən'derat brev]
Postkarte (f)	postkort (ett)	['pɔstˌkɔːt]
Telegramm (n)	telegram (ett)	[telʲe'gram]
Postpaket (n)	postpaket (ett)	['pɔst paˌket]
Geldanweisung (f)	pengaöverföring (en)	['pɛŋaˌøve'føːriŋ]

bekommen (vt)	att ta emot	[at ta ɛmoːt]
abschicken (vt)	att skicka	[at 'ɧika]
Absendung (f)	avsändning (en)	['avˌsɛndniŋ]

Postanschrift (f)	adress (en)	[a'drɛs]
Postleitzahl (f)	postnummer (ett)	['pɔstˌnumər]
Absender (m)	avsändare (en)	['avˌsɛndarə]
Empfänger (m)	mottagare (en)	['mɔtˌtagarə]

| Vorname (m) | förnamn (ett) | ['fœːˌɳamn] |
| Nachname (m) | efternamn (ett) | ['ɛftəˌɳamn] |

Tarif (m)	tariff (en)	[ta'rif]
Standard- (Tarif)	vanlig	['vanlig]
Spar- (-tarif)	ekonomisk	[ɛkʉ'nɔmisk]

Gewicht (n)	vikt (en)	['vikt]
abwiegen (vt)	att väga	[at 'vɛːga]
Briefumschlag (m)	kuvert (ett)	[kʉ'væːr]

| Briefmarke (f) | frimärke (ett) | ['fri‚mærkə] |
| Briefmarke aufkleben | att sätta på frimärke | [at 'sæta pɔ 'fri‚mærkə] |

43. Bankgeschäft

| Bank (f) | bank (en) | ['baŋk] |
| Filiale (f) | avdelning (en) | [av'dɛlʲniŋ] |

| Berater (m) | konsulent (en) | [kɔnsu'lʲɛnt] |
| Leiter (m) | föreståndare (en) | [førə'stɔndarə] |

| Konto (n) | bankkonto (ett) | ['baŋk‚kɔntʊ] |
| Kontonummer (f) | kontonummer (ett) | ['kɔntʊ‚numər] |

| Kontokorrent (n) | checkkonto (ett) | ['ɕɛk‚kɔntʊ] |
| Sparkonto (n) | sparkonto (ett) | ['spar‚kɔntʊ] |

| ein Konto eröffnen | att öppna ett konto | [at 'øpna ɛt 'kɔntʊ] |
| das Konto schließen | att avsluta kontot | [at 'av‚slʉ:ta 'kɔntʊt] |

| einzahlen (vt) | att sätta in på kontot | [at 'sæta in pɔ 'kɔntʊt] |
| abheben (vt) | att ta ut från kontot | [at ta ʉt frɔn 'kɔntʊt] |

| Einzahlung (f) | insats (en) | ['in‚sats] |
| eine Einzahlung machen | att sätta in | [at 'sæta in] |

| Überweisung (f) | överföring (en) | ['ø:və‚fø:riŋ] |
| überweisen (vt) | att överföra | [at ø:və‚føra] |

| Summe (f) | summa (en) | ['suma] |
| Wieviel? | Hur mycket? | [hʉr 'mʏkə] |

| Unterschrift (f) | signatur, underskrift (en) | [signa'tʉ:r], ['undə‚skrift] |
| unterschreiben (vt) | att underteckna | [at 'undə‚tɛkna] |

| Kreditkarte (f) | kreditkort (ett) | [kre'dit‚kɔ:t] |
| Code (m) | kod (en) | ['kɔd] |

| Kreditkartennummer (f) | kreditkortsnummer (ett) | [kre'dit‚kɔ:ts 'numər] |
| Geldautomat (m) | bankomat (en) | [baŋkʊ'mat] |

Scheck (m)	check (en)	['ɕɛk]
einen Scheck schreiben	att skriva en check	[at 'skriva en 'ɕɛk]
Scheckbuch (n)	checkbok (en)	['ɕɛk‚bʊk]

Darlehen (m)	lån (ett)	['lʲo:n]
ein Darlehen beantragen	att ansöka om lån	[at 'an‚sø:ka ɔm 'lʲo:n]
ein Darlehen aufnehmen	att få ett lån	[at fo: et 'lʲo:n]
ein Darlehen geben	att ge ett lån	[at je: et 'lʲo:n]
Pfand (m, n)	garanti (en)	[garan'ti:]

44. Telefon. Telefongespräche

Telefon (n)	telefon (en)	[telˈeˈfɔn]
Mobiltelefon (n)	mobiltelefon (en)	[mɔˈbilʲ telʲeˈfɔn]
Anrufbeantworter (m)	telefonsvarare (en)	[telʲeˈfɔnˌsvararə]
anrufen (vt)	att ringa	[at ˈriŋa]
Anruf (m)	telefonsamtal (en)	[telʲeˈfɔnˌsamtalʲ]
eine Nummer wählen	att slå nummer	[at ˈslʲoː ˈnumər]
Hallo!	Hallå!	[haˈlʲoː]
fragen (vt)	att fråga	[at ˈfroːga]
antworten (vi)	att svara	[at ˈsvara]
hören (vt)	att höra	[at ˈhøːra]
gut (~ aussehen)	gott, bra	[ˈgɔt], [ˈbra]
schlecht (Adv)	dåligt	[ˈdoːlit]
Störungen (pl)	bruser, störningar (pl)	[ˈbruːsər], [ˈstøːˌnɪŋar]
Hörer (m)	telefonlur (en)	[telʲeˈfɔnˌlʉːr]
den Hörer abnehmen	att lyfta telefonluren	[at ˈlʲyfta telʲeˈfɔn ˈlʉːrən]
auflegen (den Hörer ~)	att lägga på	[at ˈlʲɛga pɔ]
besetzt	upptagen	[ˈupˌtagən]
läuten (vi)	att ringa	[at ˈriŋa]
Telefonbuch (n)	telefonkatalog (en)	[telʲeˈfɔn kataˈlʲɔg]
Orts-	lokal-	[lʲoˈkalʲ-]
Ortsgespräch (n)	lokalsamtal (ett)	[lʲoˈkalʲˌsamtalʲ]
Auslands-	internationell	[ˈintɛˌnatʃʊˌnɛlʲ]
Auslandsgespräch (n)	internationell samtal (ett)	[ˈintɛˌnatʃʊˌnɛlʲ ˈsamtalʲ]
Fern-	riks-	[ˈriks-]
Ferngespräch (n)	rikssamtal (ett)	[ˈriksˌsamtalʲ]

45. Mobiltelefon

Mobiltelefon (n)	mobiltelefon (en)	[mɔˈbilʲ telʲeˈfɔn]
Display (n)	skärm (en)	[ˈʃæːrm]
Knopf (m)	knapp (en)	[ˈknap]
SIM-Karte (f)	SIM-kort (ett)	[ˈsimˌkɔːt]
Batterie (f)	batteri (ett)	[batɛˈriː]
leer sein (Batterie)	att bli urladdad	[at bli ˈʉːˌlʲadad]
Ladegerät (n)	laddare (en)	[ˈlʲadarə]
Menü (n)	meny (en)	[meˈny]
Einstellungen (pl)	inställningar (pl)	[ˈinˌstɛlʲˈniŋar]
Melodie (f)	melodi (en)	[melʲoˈdiː]
auswählen (vt)	att välja	[at ˈvɛlja]

Rechner (m)	kalkylator (en)	[kalʲky'lʲatʊr]
Anrufbeantworter (m)	telefonsvarare (en)	[telʲe'fɔn‚svararə]
Wecker (m)	väckarklocka, alarm (en)	['vɛkar‚klʲɔka], [a'lʲarm]
Kontakte (pl)	kontakter (pl)	[kɔn'taktər]

| SMS-Nachricht (f) | SMS meddelande (ett) | [ɛsɛ'mɛs me'delʲandə] |
| Teilnehmer (m) | abonnent (en) | [abɔ'nɛnt] |

46. Bürobedarf

| Kugelschreiber (m) | kulspetspenna (en) | ['kʉlʲspets‚pɛna] |
| Federhalter (m) | reservoarpenna (en) | [resɛrvʊ'ar‚pɛna] |

Bleistift (m)	blyertspenna (en)	['blʲyɛ:ts‚pɛna]
Faserschreiber (m)	märkpenna (en)	['mœrk‚pɛna]
Filzstift (m)	tuschpenna (en)	['tu:ʃ‚pɛna]

| Notizblock (m) | block (ett) | ['blʲɔk] |
| Terminkalender (m) | dagbok (en) | ['dag‚bʊk] |

Lineal (n)	linjal (en)	[li'njalʲ]
Rechner (m)	kalkylator (en)	[kalʲky'lʲatʊr]
Radiergummi (m)	suddgummi (ett)	['sud‚gumi]
Reißzwecke (f)	häftstift (ett)	['hɛft‚stift]
Heftklammer (f)	gem (ett)	['gem]

Klebstoff (m)	lim (ett)	['lʲim]
Hefter (m)	häftapparat (en)	['hɛft apa‚rat]
Locher (m)	hålslag (ett)	['ho:lʲ‚slʲag]
Bleistiftspitzer (m)	pennvässare (en)	['pɛn‚vɛsarə]

47. Fremdsprachen

Sprache (f)	språk (ett)	['spro:k]
Fremd-	främmande	['frɛmandə]
Fremdsprache (f)	främmande språk (ett)	['frɛmandə spro:k]
studieren (z.B. Jura ~)	att studera	[at stu'dera]
lernen (Englisch ~)	att lära sig	[at 'lʲæ:ra sɛj]

lesen (vi, vt)	att läsa	[at 'lʲɛ:sa]
sprechen (vi, vt)	att tala	[at 'talʲa]
verstehen (vt)	att förstå	[at fœ:'ʃto:]
schreiben (vi, vt)	att skriva	[at 'skriva]

schnell (Adv)	snabbt	['snabt]
langsam (Adv)	långsamt	['lʲɔŋ‚samt]
fließend (Adv)	flytande	['flʲytandə]
Regeln (pl)	regler (pl)	['rɛglʲər]

Grammatik (f)	grammatik (en)	[grama'tik]
Vokabular (n)	ordförråd (ett)	['ʊ:d̪fœ:ˌro:d]
Phonetik (f)	fonetik (en)	[fɔne'tik]

Lehrbuch (n)	lärobok (en)	['lʲæ:rʊˌbʊk]
Wörterbuch (n)	ordbok (en)	['ʊ:d̪ˌbʊk]
Selbstlernbuch (n)	självinstruerande lärobok (en)	['ɧɛlʲv instrʉ'ɛrandə 'lʲæ:rʊˌbʊk]
Sprachführer (m)	parlör (en)	[pa:'lʲø:r]

Kassette (f)	kassett (en)	[ka'sɛt]
Videokassette (f)	videokassett (en)	['videʊ ka'sɛt]
CD (f)	cd-skiva (en)	['sede ˌɧiva]
DVD (f)	dvd (en)	[deve'de:]

Alphabet (n)	alfabet (ett)	['alʲfabet]
buchstabieren (vt)	att stava	[at 'stava]
Aussprache (f)	uttal (ett)	['ʉtˌtalʲ]

Akzent (m)	brytning (en)	['brʏtniŋ]
mit Akzent	med brytning	[me 'brʏtniŋ]
ohne Akzent	utan brytning	['ʉtan 'brʏtniŋ]

| Wort (n) | ord (ett) | ['ʊ:d̪] |
| Bedeutung (f) | betydelse (en) | [be'tydəlʲsə] |

Kurse (pl)	kurs (en)	['ku:ʂ]
sich einschreiben	att anmäla sig	[at 'anˌmɛ:lʲa sɛj]
Lehrer (m)	lärare (en)	['lʲæ:rarə]

Übertragung (f)	översättning (en)	['ø:vəˌsætniŋ]
Übersetzung (f)	översättning (en)	['ø:vəˌsætniŋ]
Übersetzer (m)	översättare (en)	['ø:vəˌsætarə]
Dolmetscher (m)	tolk (en)	['tɔlʲk]

| Polyglott (m, f) | polyglott (en) | [pʊlʏ'glʲɔt] |
| Gedächtnis (n) | minne (ett) | ['minə] |

MAHLZEITEN.
RESTAURANT

T&P Books Publishing

48. Gedeck

Löffel (m)	sked (en)	['ʃed]
Messer (n)	kniv (en)	['kniv]
Gabel (f)	gaffel (en)	['gafəlʲ]
Tasse (f) (eine ~ Tee)	kopp (en)	['kop]
Teller (m)	tallrik (en)	['talʲrik]
Untertasse (f)	tefat (ett)	['te͵fat]
Serviette (f)	servett (en)	[sɛr'vɛt]
Zahnstocher (m)	tandpetare (en)	['tand͵petarə]

49. Restaurant

Restaurant (n)	restaurang (en)	[rɛstɔ'raŋ]
Kaffeehaus (n)	kafé (ett)	[ka'fe:]
Bar (f)	bar (en)	['bar]
Teesalon (m)	tehus (ett)	['te:͵hʉs]
Kellner (m)	servitör (en)	[sɛrvi'tø:r]
Kellnerin (f)	servitris (en)	[sɛrvi'tris]
Barmixer (m)	bartender (en)	['ba:͵tɛndər]
Speisekarte (f)	meny (en)	[me'ny]
Weinkarte (f)	vinlista (en)	['vin͵lista]
einen Tisch reservieren	att reservera bord	[at resɛr'vera bʉ:ɖ]
Gericht (n)	rätt (en)	['ræt]
bestellen (vt)	att beställa	[at be'stɛlʲa]
eine Bestellung aufgeben	att beställa	[at be'stɛlʲa]
Aperitif (m)	aperitif (en)	[aperi'tif]
Vorspeise (f)	förrätt (en)	['fœ:ræt]
Nachtisch (m)	dessert (en)	[dɛ'sɛ:r]
Rechnung (f)	nota (en)	['nʊta]
Rechnung bezahlen	att betala notan	[at be'talʲa 'nʊtan]
das Wechselgeld geben	att ge tillbaka växel	[at je: tilʲ'baka 'vɛksəlʲ]
Trinkgeld (n)	dricks (en)	['driks]

50. Mahlzeiten

Essen (n)	mat (en)	['mat]
essen (vi, vt)	att äta	[at 'ɛ:ta]

Frühstück (n)	frukost (en)	['fruːkɔst]
frühstücken (vi)	att äta frukost	[at 'ɛːta 'fruːkɔst]
Mittagessen (n)	lunch (en)	['lʉnɕ]
zu Mittag essen	att äta lunch	[at 'ɛːta ˌlʉnɕ]
Abendessen (n)	kvällsmat (en)	['kvɛlˡsˌmat]
zu Abend essen	att äta kvällsmat	[at 'ɛːta 'kvɛlˡsˌmat]

Appetit (m)	aptit (en)	['aptit]
Guten Appetit!	Smaklig måltid!	['smaklig 'moːlˡtid]

öffnen (vt)	att öppna	[at 'øpna]
verschütten (vt)	att spilla	[at 'spilˡa]
verschüttet werden	att spillas ut	[at 'spilˡas ʉt]

kochen (vi)	att koka	[at 'kʊka]
kochen (vt)	att koka	[at 'kʊka]
gekocht (Adj)	kokt	['kʊkt]
kühlen (vt)	att avkyla	[at 'avˌɕylˡa]
abkühlen (vi)	att avkylas	[at 'avˌɕylˡas]

Geschmack (m)	smak (en)	['smak]
Beigeschmack (m)	bismak (en)	['bismak]

auf Diät sein	att vara på diet	[at 'vara pɔ di'et]
Diät (f)	diet (en)	[di'et]
Vitamin (n)	vitamin (ett)	[vita'min]
Kalorie (f)	kalori (en)	[kalˡo'riː]
Vegetarier (m)	vegetarian (en)	[vegetiri'an]
vegetarisch (Adj)	vegetarisk	[vege'tarisk]

Fett (n)	fett (ett)	['fɛt]
Protein (n)	proteiner (pl)	[prote'iːnər]
Kohlenhydrat (n)	kolhydrater (pl)	['kolˡhyˌdratər]
Scheibchen (n)	skiva (en)	['ɧiva]
Stück (n) (ein ~ Kuchen)	bit (en)	['bit]
Krümel (m)	smula (en)	['smʉlˡa]

51. Gerichte

Gericht (n)	rätt (en)	['ræt]
Küche (f)	kök (ett)	['ɕøːk]
Rezept (n)	recept (ett)	[re'sɛpt]
Portion (f)	portion (en)	[pɔːʈ'ɧʊn]

Salat (m)	sallad (en)	['salˡad]
Suppe (f)	soppa (en)	['sɔpa]

Brühe (f), Bouillon (f)	buljong (en)	[bu'ljɔŋ]
belegtes Brot (n)	smörgås (en)	['smœrˌgoːs]
Spiegelei (n)	stekt ägg (en)	['stɛkt ˌɛg]

| Hamburger (m) | hamburgare (en) | ['hamburgarə] |
| Beefsteak (n) | biffstek (en) | ['bif͵stɛk] |

Beilage (f)	tillbehör (ett)	['tilʲbe͵hør]
Spaghetti (pl)	spagetti	[spa'gɛti]
Kartoffelpüree (n)	potatismos (ett)	[pʊ'tatis͵mʊs]
Pizza (f)	pizza (en)	['pitsa]
Brei (m)	gröt (en)	['grø:t]
Omelett (n)	omelett (en)	[ɔmə'lʲet]

gekocht	kokt	['kʊkt]
geräuchert	rökt	['rœkt]
gebraten	stekt	['stɛkt]
getrocknet	torkad	['tɔrkad]
tiefgekühlt	fryst	['frʏst]
mariniert	sylt-	['sylʲt-]

süß	söt	['sø:t]
salzig	salt	['salʲt]
kalt	kall	['kalʲ]
heiß	het, varm	['het], ['varm]
bitter	bitter	['bitər]
lecker	läcker	['lʲɛkər]

kochen (vt)	att koka	[at 'kʊka]
zubereiten (vt)	att laga	[at 'lʲaga]
braten (vt)	att steka	[at 'steka]
aufwärmen (vt)	att värma upp	[at 'væ:rma up]

salzen (vt)	att salta	[at 'salʲta]
pfeffern (vt)	att peppra	[at 'pepra]
reiben (vt)	att riva	[at 'riva]
Schale (f)	skal (ett)	['skalʲ]
schälen (vt)	att skala	[at 'skalʲa]

52. Essen

Fleisch (n)	kött (ett)	['ɕœt]
Hühnerfleisch (n)	höna (en)	['hø:na]
Küken (n)	kyckling (en)	['ɕykliŋ]
Ente (f)	anka (en)	['aŋka]
Gans (f)	gås (en)	['go:s]
Wild (n)	vilt (ett)	['vilʲt]
Pute (f)	kalkon (en)	[kalʲ'kʊn]

Schweinefleisch (n)	fläsk (ett)	['flʲɛsk]
Kalbfleisch (n)	kalvkött (en)	['kalʲv͵ɕœt]
Hammelfleisch (n)	lammkött (ett)	['lʲam͵ɕœt]
Rindfleisch (n)	oxkött, nötkött (ett)	['ʊks͵ɕœt], ['nø:t͵ɕœt]
Kaninchenfleisch (n)	kanin (en)	[ka'nin]

Wurst (f)	korv (en)	['kɔrv]
Würstchen (n)	wienerkorv (en)	['viɲɛrˌkɔrv]
Schinkenspeck (m)	bacon (ett)	['bɛjkɔn]
Schinken (m)	skinka (en)	['ɧiŋka]
Räucherschinken (m)	skinka (en)	['ɧiŋka]

Pastete (f)	paté (en)	[pa'te]
Leber (f)	lever (en)	['lʲevər]
Hackfleisch (n)	köttfärs (en)	['ɕœtˌfæːʂ]
Zunge (f)	tunga (en)	['tuɲa]

Ei (n)	ägg (ett)	['ɛg]
Eier (pl)	ägg (pl)	['ɛg]
Eiweiß (n)	äggvita (en)	['ɛgˌviːta]
Eigelb (n)	äggula (en)	['ɛgˌʉːlʲa]

Fisch (m)	fisk (en)	['fisk]
Meeresfrüchte (pl)	fisk och skaldjur	['fisk ɔ 'skalʲˌjʉːr]
Krebstiere (pl)	kräftdjur (pl)	['krɛftˌjuːr]
Kaviar (m)	kaviar (en)	['kavˌjar]

Krabbe (f)	krabba (en)	['kraba]
Garnele (f)	räka (en)	['rɛːka]
Auster (f)	ostron (ett)	['ʊstrʊn]
Languste (f)	languster (en)	[lʲaŋ'gustər]
Krake (m)	bläckfisk (en)	['blʲɛkˌfisk]
Kalmar (m)	bläckfisk (en)	['blʲɛkˌfisk]

Störfleisch (n)	stör (en)	['støːr]
Lachs (m)	lax (en)	['lʲaks]
Heilbutt (m)	hälleflundra (en)	['hɛlʲeˌflʉndra]

Dorsch (m)	torsk (en)	['tɔːʂk]
Makrele (f)	makrill (en)	['makrilʲ]
Tunfisch (m)	tonfisk (en)	['tʊnˌfisk]
Aal (m)	ål (en)	['oːlʲ]

Forelle (f)	öring (en)	['øːriɲ]
Sardine (f)	sardin (en)	[sa:'ɖiːn]
Hecht (m)	gädda (en)	['jɛda]
Hering (m)	sill (en)	['silʲ]

Brot (n)	bröd (ett)	['brøːd]
Käse (m)	ost (en)	['ʊst]
Zucker (m)	socker (ett)	['sɔkər]
Salz (n)	salt (ett)	['salʲt]

Reis (m)	ris (ett)	['ris]
Teigwaren (pl)	pasta (en),	['pasta],
	makaroner (pl)	[maka'rʊnər]
Nudeln (pl)	nudlar (pl)	['nʉːdlʲar]
Butter (f)	smör (ett)	['smœːr]

Pflanzenöl (n)	vegetabilisk olja (en)	[vegeta'bilisk 'ɔlja]
Sonnenblumenöl (n)	solrosolja (en)	['sulʲrus,ɔlja]
Margarine (f)	margarin (ett)	[marga'rin]

| Oliven (pl) | oliver (pl) | [ʊ:'livər] |
| Olivenöl (n) | olivolja (en) | [ʊ'liv,ɔlja] |

Milch (f)	mjölk (en)	['mjœlʲk]
Kondensmilch (f)	kondenserad mjölk (en)	[kɔndɛn'serad ,mjœlʲk]
Joghurt (m)	yoghurt (en)	['joːgɯːt]
saure Sahne (f)	gräddfil, syrad grädden (en)	['grɛdfilʲ], [syrad 'gredən]
Sahne (f)	grädde (en)	['grɛdə]

| Mayonnaise (f) | majonnäs (en) | [majɔ'nɛs] |
| Buttercreme (f) | kräm (en) | ['krɛm] |

Grütze (f)	gryn (en)	['gryn]
Mehl (n)	mjöl (ett)	['mjøːlʲ]
Konserven (pl)	konserv (en)	[kɔn'sɛrv]

Haferflocken (pl)	cornflakes (pl)	['koːn̩flɛjks]
Honig (m)	honung (en)	['hɔnuŋ]
Marmelade (f)	sylt, marmelad (en)	['sylʲt], [marme'lʲad]
Kaugummi (m, n)	tuggummi (ett)	['tug,gumi]

53. Getränke

Wasser (n)	vatten (ett)	['vatən]
Trinkwasser (n)	dricksvatten (ett)	['driks,vatən]
Mineralwasser (n)	mineralvatten (ett)	[mine'ralʲ,vatən]

still	icke kolsyrat	['ikə 'kɔlʲ,syrat]
mit Kohlensäure	kolsyrat	['kɔlʲ,syrat]
mit Gas	kolsyrat	['kɔlʲ,syrat]
Eis (n)	is (en)	['is]
mit Eis	med is	[me 'is]

alkoholfrei (Adj)	alkoholfri	[alʲkʊ'hɔlʲ,fri:]
alkoholfreies Getränk (n)	alkoholfri dryck (en)	[alʲkʊ'hɔlʲfri 'drʏk]
Erfrischungsgetränk (n)	läskedryck (en)	['lɛskə,drik]
Limonade (f)	lemonad (en)	[lʲemɔ'nad]

| Spirituosen (pl) | alkoholhaltiga
drycker (pl) | [alʲkʊ'hɔlʲ,halʲtiga
'drʏkər] |

Wein (m)	vin (ett)	['vin]
Weißwein (m)	vitvin (ett)	['vit,vin]
Rotwein (m)	rödvin (ett)	['røːd,vin]
Likör (m)	likör (en)	[li'køːr]
Champagner (m)	champagne (en)	[ɧam'panʲ]

Wermut (m)	vermouth (en)	['vɛrmut]
Whisky (m)	whisky (en)	['viski]
Wodka (m)	vodka (en)	['vodka]
Gin (m)	gin (ett)	['dʒin]
Kognak (m)	konjak (en)	['kɔnʲak]
Rum (m)	rom (en)	['rɔm]

Kaffee (m)	kaffe (ett)	['kafə]
schwarzer Kaffee (m)	svart kaffe (ett)	['svaːt̪ 'kafə]
Milchkaffee (m)	kaffe med mjölk (ett)	['kafə me mjœlʲk]
Cappuccino (m)	cappuccino (en)	['kaputʃinʊ]
Pulverkaffee (m)	snabbkaffe (ett)	['snab̪kafə]

Milch (f)	mjölk (en)	['mjœlʲk]
Cocktail (m)	cocktail (en)	['kɔktɛjlʲ]
Milchcocktail (m)	milkshake (en)	['milʲkʃɛjk]

Saft (m)	juice (en)	['juːs]
Tomatensaft (m)	tomatjuice (en)	[tʊ'matˌjuːs]
Orangensaft (m)	apelsinjuice (en)	[apɛlʲ'sinˌjuːs]
frisch gepresster Saft (m)	nypressad juice (en)	['nʏˌprɛsad 'juːs]

Bier (n)	öl (ett)	['øːlʲ]
Helles (n)	ljust öl (ett)	['jʉːst̪ˌøːlʲ]
Dunkelbier (n)	mörkt öl (ett)	['mœːrkt̪ ˌøːlʲ]

Tee (m)	te (ett)	['teː]
schwarzer Tee (m)	svart te (ett)	['svaːt̪ ˌteː]
grüner Tee (m)	grönt te (ett)	['grœnt teː]

54. Gemüse

| Gemüse (n) | grönsaker (pl) | ['grøːnˌsakər] |
| grünes Gemüse (pl) | grönsaker (pl) | ['grøːnˌsakər] |

Tomate (f)	tomat (en)	[tʊ'mat]
Gurke (f)	gurka (en)	['gurka]
Karotte (f)	morot (en)	['mʊˌrʊt]
Kartoffel (f)	potatis (en)	[pʊ'tatis]
Zwiebel (f)	lök (en)	['lʲøːk]
Knoblauch (m)	vitlök (en)	['vit̪ˌlʲøːk]

Kohl (m)	kål (en)	['koːlʲ]
Blumenkohl (m)	blomkål (en)	['blʲʊmˌkoːlʲ]
Rosenkohl (m)	brysselkål (en)	['brʏsɛlʲˌkoːlʲ]
Brokkoli (m)	broccoli (en)	['brɔkɔli]

Zuckerrübe (f)	rödbeta (en)	['røːdˌbeta]
Aubergine (f)	aubergine (en)	[ɔbɛr'ʒin]
Zucchini (f)	squash, zucchini (en)	['skvɔːɕ], [su'kini]

| Kürbis (m) | pumpa (en) | ['pumpa] |
| Rübe (f) | rova (en) | ['rʊva] |

Petersilie (f)	persilja (en)	[pɛ'ʂilja]
Dill (m)	dill (en)	['dilʲ]
Kopf Salat (m)	sallad (en)	['salʲad]
Sellerie (m)	selleri (en)	['sɛlʲeri]
Spargel (m)	sparris (en)	['sparis]
Spinat (m)	spenat (en)	[spe'nat]

Erbse (f)	ärter (pl)	['æːʈər]
Bohnen (pl)	bönor (pl)	['bønʊr]
Mais (m)	majs (en)	['majs]
weiße Bohne (f)	böna (en)	['bøna]

Paprika (m)	peppar (en)	['pɛpar]
Radieschen (n)	rädisa (en)	['rɛːdisa]
Artischocke (f)	kronärtskocka (en)	['krʊnæːʈˌskɔka]

55. Obst. Nüsse

Frucht (f)	frukt (en)	['frʉkt]
Apfel (m)	äpple (ett)	['ɛplʲe]
Birne (f)	päron (ett)	['pæːrɔn]
Zitrone (f)	citron (en)	[si'trʊn]
Apfelsine (f)	apelsin (en)	[apɛlʲ'sin]
Erdbeere (f)	jordgubbe (en)	['jʊːdˌgubə]

Mandarine (f)	mandarin (en)	[manda'rin]
Pflaume (f)	plommon (ett)	['plʲʊmɔn]
Pfirsich (m)	persika (en)	['pɛʂika]
Aprikose (f)	aprikos (en)	[apri'kʊs]
Himbeere (f)	hallon (ett)	['halʲɔn]
Ananas (f)	ananas (en)	['ananas]

Banane (f)	banan (en)	['banan]
Wassermelone (f)	vattenmelon (en)	['vatənˌme'lʲʊn]
Weintrauben (pl)	druva (en)	['drʉːva]
Sauerkirsche (f)	körsbär (ett)	['ɕøːʂˌbæːr]
Herzkirsche (f)	fågelbär (ett)	['foːgəlʲˌbæːr]
Melone (f)	melon (en)	[me'lʲʊn]

Grapefruit (f)	grapefrukt (en)	['grɛjpˌfrʉkt]
Avocado (f)	avokado (en)	[avo'kadʊ]
Papaya (f)	papaya (en)	[pa'paja]
Mango (f)	mango (en)	['maŋgʊ]
Granatapfel (m)	granatäpple (en)	[gra'natˌɛplʲe]
rote Johannisbeere (f)	röda vinbär (ett)	['røːda 'vinbæːr]
schwarze Johannisbeere (f)	svarta vinbär (ett)	['svaːʈa 'vinbæːr]

Stachelbeere (f)	krusbär (ett)	['krʉːsˌbæːr]
Heidelbeere (f)	blåbär (ett)	['blʲoːˌbæːr]
Brombeere (f)	björnbär (ett)	['bjøːɳˌbæːr]

Rosinen (pl)	russin (ett)	['rusin]
Feige (f)	fikon (ett)	['fikɔn]
Dattel (f)	dadel (en)	['dadəlʲ]

Erdnuss (f)	jordnöt (en)	['jʉːdˌnøːt]
Mandel (f)	mandel (en)	['mandəlʲ]
Walnuss (f)	valnöt (en)	['valʲˌnøːt]
Haselnuss (f)	hasselnöt (en)	['hasəlʲˌnøːt]
Kokosnuss (f)	kokosnöt (en)	['kʊkʊsˌnøːt]
Pistazien (pl)	pistaschnötter (pl)	['pistaʃnœtər]

56. Brot. Süßigkeiten

Konditorwaren (pl)	konditorivaror (pl)	[kɔndɪtʊ'riːˌvarʊr]
Brot (n)	bröd (ett)	['brøːd]
Keks (m, n)	småkakor (pl)	['smoːkakʊr]

Schokolade (f)	choklad (en)	[ʃɔk'lʲad]
Schokoladen-	choklad-	[ʃɔk'lʲad-]
Bonbon (m, n)	konfekt, karamell (en)	[kɔn'fɛkt], [kara'mɛlʲ]
Törtchen (n)	kaka, bakelse (en)	['kaka], ['bakəlʲsə]
Torte (f)	tårta (en)	['toːʈa]

| Kuchen (m) (Apfel-) | paj (en) | ['paj] |
| Füllung (f) | fyllning (en) | ['fylʲnin] |

Konfitüre (f)	sylt (en)	['sylʲt]
Marmelade (f)	marmelad (en)	[marme'lʲad]
Waffeln (pl)	våffle (en)	['vɔflʲe]
Eis (n)	glass (en)	['glʲas]
Pudding (m)	pudding (en)	['pudiŋ]

57. Gewürze

Salz (n)	salt (ett)	['salʲt]
salzig (Adj)	salt	['salʲt]
salzen (vt)	att salta	[at 'salʲta]

schwarzer Pfeffer (m)	svartpeppar (en)	['svaːʈˌpɛpar]
roter Pfeffer (m)	rödpeppar (en)	['røːdˌpɛpar]
Senf (m)	senap (en)	['seːnap]
Meerrettich (m)	pepparrot (en)	['pɛpaˌrʊt]
Gewürz (n)	krydda (en)	['krʏda]
Würze (f)	krydda (en)	['krʏda]

| Soße (f) | sås (en) | ['soːs] |
| Essig (m) | ättika (en) | ['ætika] |

Anis (m)	anis (en)	['anis]
Basilikum (n)	basilika (en)	[ba'silika]
Nelke (f)	nejlika (en)	['nɛjlika]
Ingwer (m)	ingefära (en)	['iŋəˌfæːra]
Koriander (m)	koriander (en)	[kɔri'andər]
Zimt (m)	kanel (en)	[ka'nelʲ]

Sesam (m)	sesam (en)	['sesam]
Lorbeerblatt (n)	lagerblad (ett)	['lʲagərˌblʲad]
Paprika (m)	paprika (en)	['paprika]
Kümmel (m)	kummin (en)	['kumin]
Safran (m)	saffran (en)	['safran]

PERSÖNLICHE INFORMATIONEN. FAMILIE

T&P Books Publishing

58. Persönliche Informationen. Formulare

Vorname (m)	namn (ett)	['namn]
Name (m)	efternamn (ett)	['ɛftəˌnamn]
Geburtsdatum (n)	födelsedatum (ett)	['føːdəlˈseˌdatum]
Geburtsort (m)	födelseort (en)	['føːdəlˈseˌɔːt]

Nationalität (f)	nationalitet (en)	[natʃʉnaliˈtet]
Wohnort (m)	bostadsort (en)	['bostadsˌɔːt]
Staat (m)	land (ett)	['lˈand]
Beruf (m)	yrke (ett),	['yrkə],
	profession (en)	[prɔfeˈʃʉn]

Geschlecht (n)	kön (ett)	['ɕøːn]
Größe (f)	höjd (en)	['hœjd]
Gewicht (n)	vikt (en)	['vikt]

59. Familienmitglieder. Verwandte

Mutter (f)	mor (en)	['mʉr]
Vater (m)	far (en)	['far]
Sohn (m)	son (en)	['sɔn]
Tochter (f)	dotter (en)	['dotər]

jüngste Tochter (f)	yngsta dotter (en)	['yŋsta 'dotər]
jüngste Sohn (m)	yngste son (en)	['yŋstə sɔn]
ältere Tochter (f)	äldsta dotter (en)	['ɛlˈsta 'dotər]
älterer Sohn (m)	äldste son (en)	['ɛlˈstə 'sɔn]

Bruder (m)	bror (en)	['brʉr]
älterer Bruder (m)	storebror (en)	['stʉrəˌbrʉr]
jüngerer Bruder (m)	lillebror (en)	['lilˈeˌbrʉr]
Schwester (f)	syster (en)	['sʏstər]
ältere Schwester (f)	storasyster (en)	['stʉraˌsʏstər]
jüngere Schwester (f)	lillasyster (en)	['lilˈaˌsʏstər]

Cousin (m)	kusin (en)	[kʉˈsiːn]
Cousine (f)	kusin (en)	[kʉˈsiːn]
Mutter (f)	mamma (en)	['mama]
Papa (m)	pappa (en)	['papa]
Eltern (pl)	föräldrar (pl)	[førˈɛlˈdrar]
Kind (n)	barn (ett)	['baːɳ]
Kinder (pl)	barn (pl)	['baːɳ]
Großmutter (f)	mormor, farmor (en)	['mʉrmʉr], ['farmʉr]

Großvater (m)	morfar, farfar (en)	['mʊrfar], ['farfar]
Enkel (m)	barnbarn (ett)	['baːrˌbaːrɳ]
Enkelin (f)	barnbarn (ett)	['baːrˌbaːrɳ]
Enkelkinder (pl)	barnbarn (pl)	['baːrˌbaːrɳ]
Onkel (m)	farbror, morbror (en)	['farˌbrʊr], ['mʊrˌbrʊr]
Tante (f)	faster, moster (en)	['fastər], ['mʊstər]
Neffe (m)	brorson, systerson (en)	['brʊrˌsɔn], ['sʏstəˌsɔn]
Nichte (f)	brorsdotter, systerdotter (en)	['brʊːʂˌdɔtər], ['sʏstəˌdɔtər]
Schwiegermutter (f)	svärmor (en)	['svæːrˌmʊr]
Schwiegervater (m)	svärfar (en)	['svæːrˌfar]
Schwiegersohn (m)	svärson (en)	['svæːˌsɔn]
Stiefmutter (f)	styvmor (en)	['stʏvˌmʊr]
Stiefvater (m)	styvfar (en)	['stʏvˌfar]
Säugling (m)	spädbarn (ett)	['spɛːdˌbaːrɳ]
Kleinkind (n)	spädbarn (ett)	['spɛːdˌbaːrɳ]
Kleine (m)	baby, bäbis (en)	['bɛːbi], ['bɛːbis]
Frau (f)	hustru (en)	['hʉstrʉ]
Mann (m)	man (en)	['man]
Ehemann (m)	make, äkta make (en)	['makə], ['ɛkta ˌmakə]
Ehefrau (f)	hustru (en)	['hʉstrʉ]
verheiratet (Ehemann)	gift	['jift]
verheiratet (Ehefrau)	gift	['jift]
ledig	ogift	[ʊ'jift]
Junggeselle (m)	ungkarl (en)	['ʊŋˌkar]
geschieden (Adj)	frånskild	['froːnˌɧilʲd]
Witwe (f)	änka (en)	['ɛŋka]
Witwer (m)	änkling (en)	['ɛŋkliŋ]
Verwandte (m)	släkting (en)	['slʲɛktiŋ]
naher Verwandter (m)	nära släkting (en)	['næːra 'slʲɛktiŋ]
entfernter Verwandter (m)	fjärran släkting (en)	['fjæːran 'slʲɛktiŋ]
Verwandte (pl)	släktingar (pl)	['slʲɛktiŋar]
Waise (m, f)	föräldralöst barn (ett)	[førˈɛlʲdralʲœst 'baːrɳ]
Vormund (m)	förmyndare (en)	['førˌmʏndarə]
adoptieren (einen Jungen)	att adoptera	[at adɔp'tera]
adoptieren (ein Mädchen)	att adoptera	[at adɔp'tera]

60. Freunde. Arbeitskollegen

Freund (m)	vän (en)	['vɛːn]
Freundin (f)	väninna (en)	[vɛːˈnina]
Freundschaft (f)	vänskap (en)	['vɛnˌskap]
befreundet sein	att vara vänner	[at 'vara 'vɛnər]

Freund (m)	vän (en)	['vɛːn]
Freundin (f)	väninna (en)	[vɛːˈnina]
Partner (m)	partner (en)	['paːʈnər]

Chef (m)	chef (en)	['ɧef]
Vorgesetzte (m)	överordnad (en)	['øːvərˌɔːɖnat]
Besitzer (m)	ägare (en)	['ɛːgarə]
Untergeordnete (m)	underordnad (en)	['undərˌɔːɖnat]
Kollege (m), Kollegin (f)	kollega (en)	[kɔˈlʲeːga]

Bekannte (m)	bekant (en)	[beˈkant]
Reisegefährte (m)	resekamrat (en)	['resəˌkamˈrat]
Mitschüler (m)	klasskamrat (en)	['klʲasˌkamˈrat]

Nachbar (m)	granne (en)	['granə]
Nachbarin (f)	granne (en)	['granə]
Nachbarn (pl)	grannar (pl)	['granar]

MENSCHLICHER KÖRPER. MEDIZIN

T&P Books Publishing

61. Kopf

Kopf (m)	**huvud (ett)**	['hʉːvʉd]
Gesicht (n)	**ansikte (ett)**	['ansiktə]
Nase (f)	**näsa (en)**	['nɛːsa]
Mund (m)	**mun (en)**	['muːn]
Auge (n)	**öga (ett)**	['øːga]
Augen (pl)	**ögon (pl)**	['øːgɔn]
Pupille (f)	**pupill (en)**	[pʉ'pilʲ]
Augenbraue (f)	**ögonbryn (ett)**	['øːgɔnˌbryn]
Wimper (f)	**ögonfrans (en)**	['øːgɔnˌfrans]
Augenlid (n)	**ögonlock (ett)**	['øːgɔnˌlʲɔk]
Zunge (f)	**tunga (en)**	['tuŋa]
Zahn (m)	**tand (en)**	['tand]
Lippen (pl)	**läppar (pl)**	['lʲɛpar]
Backenknochen (pl)	**kindben (pl)**	['ɕindˌbeːn]
Zahnfleisch (n)	**tandkött (ett)**	['tandˌɕœt]
Gaumen (m)	**gom (en)**	['gʊm]
Nasenlöcher (pl)	**näsborrar (pl)**	['nɛːsˌbɔrar]
Kinn (n)	**haka (en)**	['haka]
Kiefer (m)	**käke (en)**	['ɕɛːkə]
Wange (f)	**kind (en)**	['ɕind]
Stirn (f)	**panna (en)**	['pana]
Schläfe (f)	**tinning (en)**	['tiniŋ]
Ohr (n)	**öra (ett)**	['øːra]
Nacken (m)	**nacke (en)**	['nakə]
Hals (m)	**hals (en)**	['halʲs]
Kehle (f)	**strupe, hals (en)**	['strʉpə], ['halʲs]
Haare (pl)	**hår (pl)**	['hoːr]
Frisur (f)	**frisyr (en)**	[fri'syr]
Haarschnitt (m)	**klippning (en)**	['klipniŋ]
Perücke (f)	**peruk (en)**	[pe'rʉːk]
Schnurrbart (m)	**mustasch (en)**	[mʉ'staːʃ]
Bart (m)	**skägg (ett)**	['ʃɛg]
haben (einen Bart ~)	**att ha**	[at 'ha]
Zopf (m)	**fläta (en)**	['flʲɛːta]
Backenbart (m)	**polisonger (pl)**	[pɔli'sɔŋer]
rothaarig	**rödhårig**	['røːdˌhoːrig]
grau	**grå**	['groː]

| kahl | skallig | ['skalig] |
| Glatze (f) | flint (en) | ['flint] |

| Pferdeschwanz (m) | hästsvans (en) | ['hɛst͵svans] |
| Pony (Ponyfrisur) | lugg, pannlugg (en) | [lʉg], ['pan͵lʉg] |

62. Menschlicher Körper

| Hand (f) | hand (en) | ['hand] |
| Arm (m) | arm (en) | ['arm] |

Finger (m)	finger (ett)	['fiŋər]
Zehe (f)	tå (en)	['to:]
Daumen (m)	tumme (en)	['tumə]
kleiner Finger (m)	lillfinger (ett)	['lilʲ͵fiŋər]
Nagel (m)	nagel (en)	['nagəlʲ]

Faust (f)	knytnäve (en)	['knʏt͵nɛ:və]
Handfläche (f)	handflata (en)	['hand͵flʲata]
Handgelenk (n)	handled (en)	['hand͵lʲed]
Unterarm (m)	underarm (en)	['undər͵arm]
Ellbogen (m)	armbåge (en)	['arm͵bo:gə]
Schulter (f)	skuldra (en)	['skʉlʲdra]

Bein (n)	ben (ett)	['be:n]
Fuß (m)	fot (en)	['fʊt]
Knie (n)	knä (ett)	['knɛ:]
Wade (f)	vad (ett)	['vad]

| Hüfte (f) | höft (en) | ['hœft] |
| Ferse (f) | häl (en) | ['hɛ:lʲ] |

Körper (m)	kropp (en)	['krɔp]
Bauch (m)	mage (en)	['magə]
Brust (f)	bröst (ett)	['brœst]
Busen (m)	bröst (ett)	['brœst]
Seite (f), Flanke (f)	sida (en)	['sida]
Rücken (m)	rygg (en)	['rʏg]

| Kreuz (n) | ländrygg (en) | ['lʲɛnd͵rʏg] |
| Taille (f) | midja (en) | ['midja] |

Nabel (m)	navel (en)	['navəlʲ]
Gesäße (pl)	stjärtar, skinkor (pl)	['ɧæ:tar], ['ɧiŋkʊr]
Hinterteil (n)	bak (en)	['bak]

Leberfleck (m)	leverfläck (ett)	['lʲevər͵flɛk]
Muttermal (n)	födelsemärke (ett)	['fø:dəlʲsə͵mæ:rkə]
Tätowierung (f)	tatuering (en)	[tatʉ'eriŋ]
Narbe (f)	ärr (ett)	['ær]

63. Krankheiten

Krankheit (f)	sjukdom (en)	['ɧʉːkˌdʊm]
krank sein	att vara sjuk	[at 'vara 'ɧʉːk]
Gesundheit (f)	hälsa, sundhet (en)	['hɛlˡsa], ['sundˌhet]

Schnupfen (m)	snuva (en)	['snʉːva]
Angina (f)	halsfluss, angina (en)	['halˡsˌflʉs], [aŋ'gina]
Erkältung (f)	förkylning (en)	[før'ɕylˡniŋ]
sich erkälten	att bli förkyld	[at bli før'ɕylˡd]

Bronchitis (f)	bronkit (en)	[brɔŋ'kit]
Lungenentzündung (f)	lunginflammation (en)	['lʉŋˌinflˡama'ɧʊn]
Grippe (f)	influensa (en)	[inflʉ'ɛnsa]

kurzsichtig	närsynt	['næːˌsʏnt]
weitsichtig	långsynt	['lˡɔŋˌsʏnt]
Schielen (n)	skelögdhet (en)	['ɧelˡøgdˌhet]
schielend (Adj)	skelögd	['ɧelˡˌøgd]
grauer Star (m)	grå starr (en)	['groː 'star]
Glaukom (n)	grön starr (en)	['grøːn 'star]

Schlaganfall (m)	stroke (en), hjärnslag (ett)	['stroːk], ['jæːnˌʂlˡag]
Infarkt (m)	infarkt (en)	[in'farkt]
Herzinfarkt (m)	hjärtinfarkt (en)	['jæːʈ in'farkt]
Lähmung (f)	förlamning (en)	[fœː'lˡamniŋ]
lähmen (vt)	att förlama	[at fœː'lˡama]

Allergie (f)	allergi (en)	[alˡer'gi]
Asthma (n)	astma (en)	['astma]
Diabetes (m)	diabetes (en)	[dia'betəs]

| Zahnschmerz (m) | tandvärk (en) | ['tandˌvæːrk] |
| Karies (f) | karies (en) | ['karies] |

Durchfall (m)	diarré (en)	[dia're:]
Verstopfung (f)	förstoppning (en)	[fœː'ʂtɔpniŋ]
Magenverstimmung (f)	magbesvär (ett)	['magˌbe'svɛːr]
Vergiftung (f)	matförgiftning (en)	['matˌfør'jiftniŋ]
sich vergiften	att få matförgiftning	[at foː 'matˌfør'jiftniŋ]

Arthritis (f)	artrit (en)	[a'ʈrit]
Rachitis (f)	rakitis (en)	[ra'kitis]
Rheumatismus (m)	reumatism (en)	[revma'tism]
Atherosklerose (f)	åderförkalkning (en)	['oːdɛrførˌkalˡkniŋ]

Gastritis (f)	gastrit (en)	[ga'strit]
Blinddarmentzündung (f)	appendicit (en)	[apɛndi'sit]
Cholezystitis (f)	cholecystit (en)	[holəsys'tit]
Geschwür (n)	magsår (ett)	['magˌsoːr]

Masern (pl)	mässling (en)	['mɛsˌliŋ]
Röteln (pl)	röda hund (en)	['rø:da 'hund]
Gelbsucht (f)	gulsot (en)	['gʉ:lʲˌsʉt]
Hepatitis (f)	hepatit (en)	[hepa'tit]

Schizophrenie (f)	schizofreni (en)	[skitsɔfre'ni:]
Tollwut (f)	rabies (en)	['rabies]
Neurose (f)	neuros (en)	[nev'rɔs]
Gehirnerschütterung (f)	hjärnskakning (en)	['jæ:n̩ˌskakniŋ]

Krebs (m)	cancer (en)	['kansər]
Sklerose (f)	skleros (en)	[sklʲe'rɔs]
multiple Sklerose (f)	multipel skleros (en)	[mʉlʲ'tipəlʲ sklʲe'rɔs]

Alkoholismus (m)	alkoholism (en)	[alʲkʉhɔ'lizm]
Alkoholiker (m)	alkoholist (en)	[alʲkʉhɔ'list]
Syphilis (f)	syfilis (en)	['syfilis]
AIDS	AIDS	['ɛjds]

Tumor (m)	tumör (en)	[tʉ'mø:r]
bösartig	elakartad	['ɛlʲakˌa:ʈad]
gutartig	godartad	['gʉdˌa:ʈad]

Fieber (n)	feber (en)	['febər]
Malaria (f)	malaria (en)	[ma'lʲaria]
Gangrän (f, n)	kallbrand (en)	['kalʲˌbrand]
Seekrankheit (f)	sjösjuka (en)	['ɧø:ˌɧʉ:ka]
Epilepsie (f)	epilepsi (en)	[epilʲep'si:]

Epidemie (f)	epidemi (en)	[ɛpide'mi:]
Typhus (m)	tyfus (en)	['tyfʉs]
Tuberkulose (f)	tuberkulos (en)	[tʉbɛrkʉ'lʲɔs]
Cholera (f)	kolera (en)	['kʉlʲera]
Pest (f)	pest (en)	['pɛst]

64. Symptome. Behandlungen. Teil 1

Symptom (n)	symptom (ett)	[sʏmp'tɔm]
Temperatur (f)	temperatur (en)	[tɛmpəra'tʉ:r]
Fieber (n)	hög temperatur (en)	['hø:g tɛmpəra'tʉ:r]
Puls (m)	puls (en)	['pulʲs]

Schwindel (m)	yrsel, svindel (en)	['y:səlʲ], ['svindəlʲ]
heiß (Stirne usw.)	varm	['varm]
Schüttelfrost (m)	rysning (en)	['rʏsniŋ]
blass (z.B. -es Gesicht)	blek	['blʲek]

Husten (m)	hosta (en)	['hʊsta]
husten (vi)	att hosta	[at 'hʊsta]
niesen (vi)	att nysa	[at 'nysa]

Ohnmacht (f)	svimning (en)	['svimniŋ]
ohnmächtig werden	att svimma	[at 'svima]
blauer Fleck (m)	blåmärke (ett)	['blʲoːˌmæːrkə]
Beule (f)	bula (en)	['bʉːlʲa]
sich stoßen	att slå sig	[at 'slʲoː sɛj]
Prellung (f)	blåmärke (ett)	['blʲoːˌmæːrkə]
sich stoßen	att slå sig	[at 'slʲoː sɛj]
hinken (vi)	att halta	[at 'halʲta]
Verrenkung (f)	vrickning (en)	['vrikniŋ]
ausrenken (vt)	att förvrida	[at før'vrida]
Fraktur (f)	brott (ett), fraktur (en)	['brɔt], [frak'tʉːr]
brechen (Arm usw.)	att få en fraktur	[at foː en frak'tʉːr]
Schnittwunde (f)	skärsår (ett)	['ɧæːˌsoːr]
sich schneiden	att skära sig	[at 'ɧæːra sɛj]
Blutung (f)	blödning (en)	['blʲœdniŋ]
Verbrennung (f)	brännsår (ett)	['brɛnˌsoːr]
sich verbrennen	att bränna sig	[at 'brɛna sɛj]
stechen (vt)	att sticka	[at 'stika]
sich stechen	att sticka sig	[at 'stika sɛj]
verletzen (vt)	att skada	[at 'skada]
Verletzung (f)	skada (en)	['skada]
Wunde (f)	sår (ett)	['soːr]
Trauma (n)	trauma (en)	['travma]
irrereden (vi)	att tala i feberyra	[at 'talʲa i 'febəryra]
stottern (vi)	att stamma	[at 'stama]
Sonnenstich (m)	solsting (ett)	['sʊlʲˌstiŋ]

65. Symptome. Behandlungen. Teil 2

Schmerz (m)	värk, smärta (en)	['væːrk], ['smɛʈa]
Splitter (m)	sticka (en)	['stika]
Schweiß (m)	svett (en)	['svɛt]
schwitzen (vi)	att svettas	[at 'svɛtas]
Erbrechen (n)	kräkning (en)	['krɛkniŋ]
Krämpfe (pl)	kramper (pl)	['krampər]
schwangere	gravid	[gra'vid]
geboren sein	att födas	[at 'føːdas]
Geburt (f)	förlossning (en)	[fœ'ːlʲɔsniŋ]
gebären (vt)	att föda	[at 'føːda]
Abtreibung (f)	abort (en)	[a'bɔːt]
Atem (m)	andning (en)	['andniŋ]
Atemzug (m)	inandning (en)	['inˌandniŋ]

Ausatmung (f)	utandning (en)	['ʉt‚andniŋ]
ausatmen (vt)	att andas ut	[at 'andas ʉt]
einatmen (vt)	att andas in	[at 'andas in]

Invalide (m)	handikappad person (en)	['handi‚kapad pɛ'ʂʊn]
Krüppel (m)	krympling (en)	['krʏmpliŋ]
Drogenabhängiger (m)	narkoman (en)	[narkʊ'man]

taub	döv	['dø:v]
stumm	stum	['stu:m]
taubstumm	dövstum	['dø:v‚stu:m]

verrückt (Adj)	mentalsjuk, galen	['mental'ɧʉ:k], ['galʲen]
Irre (m)	dåre, galning (en)	['do:rə], ['galʲniŋ]
Irre (f)	dåre, galning (en)	['do:rə], ['galʲniŋ]
den Verstand verlieren	att bli sinnessjuk	[at bli 'sinɛs‚ɧʉ:k]

Gen (n)	gen (en)	['jen]
Immunität (f)	immunitet (en)	[imʉni'te:t]
erblich	ärftlig	['æ:rftlig]
angeboren	medfödd	['med‚fœd]

Virus (m, n)	virus (ett)	['vi:rʉs]
Mikrobe (f)	mikrob (en)	[mi'krɔb]
Bakterie (f)	bakterie (en)	[bak'teriə]
Infektion (f)	infektion (en)	[infɛk'ɧʊn]

66. Symptome. Behandlungen. Teil 3

| Krankenhaus (n) | sjukhus (ett) | ['ɧʉ:k‚hʉs] |
| Patient (m) | patient (en) | [pasi'ent] |

Diagnose (f)	diagnos (en)	[dia'gnɔs]
Heilung (f)	kur (en)	['kʉ:r]
Behandlung (f)	behandling (en)	[be'handliŋ]
Behandlung bekommen	att bli behandlad	[at bli be'handlʲad]
pflegen (vt)	att behandla	[at be'handlʲa]
pflegen (Kranke)	att sköta	[at 'ɧø:ta]
Pflege (f)	vård (en)	['vo:ɖ]

Operation (f)	operation (en)	[ɔpera'ɧʊn]
verbinden (vt)	att förbinda	[at før'binda]
Verband (m)	förbindning (en)	[før'bindniŋ]

Impfung (f)	vaccination (en)	[vaksina'ɧʊn]
impfen (vt)	att vaksinera	[at vaksi'nera]
Spritze (f)	injektion (en)	[injɛk'ɧʊn]
eine Spritze geben	att ge en spruta	[at je: en 'sprʉta]
Anfall (m)	anfall (ett), attack (en)	['anfalʲ], [a'tak]
Amputation (f)	amputation (en)	[ampʉta'ɧʊn]

amputieren (vt)	att amputera	[at ampɵ'tera]
Koma (n)	koma (ett)	['kɔma]
im Koma liegen	att ligga i koma	[at 'liga i 'kɔma]
Reanimation (f)	intensivavdelning (en)	[intɛn'siv‚av'dɛlʲniŋ]

genesen von ... (vi)	att återhämta sig	[at 'oːter‚hɛmta sɛj]
Zustand (m)	tillstånd (ett)	['tilʲ‚stɔnd]
Bewusstsein (n)	medvetande (ett)	['med‚vetandə]
Gedächtnis (n)	minne (ett)	['minə]

ziehen (einen Zahn ~)	att dra ut	[at 'dra ɵt]
Plombe (f)	plomb (en)	['plʲɔmb]
plombieren (vt)	att plombera	[at plʲɔm'bera]

| Hypnose (f) | hypnos (en) | [hɵp'nɔs] |
| hypnotisieren (vt) | att hypnotisera | [at 'hɵpnɔti‚sera] |

67. Medizin. Medikamente. Accessoires

Arznei (f)	medicin (en)	[medi'sin]
Heilmittel (n)	medel (ett)	['medəlʲ]
verschreiben (vt)	att ordinera	[at oːdi'nera]
Rezept (n)	recept (ett)	[re'sɛpt]

Tablette (f)	tablett (en)	[tab'lʲet]
Salbe (f)	salva (en)	['salʲva]
Ampulle (f)	ampull (en)	[am'pulʲ]
Mixtur (f)	mixtur (en)	[miks'tɵːr]
Sirup (m)	sirap (en)	['sirap]
Pille (f)	piller (ett)	['pilʲer]
Pulver (n)	pulver (ett)	['pulʲvər]

Verband (m)	gasbinda (en)	['gas‚binda]
Watte (f)	vadd (en)	['vad]
Jod (n)	jod (en)	['jʊd]

Pflaster (n)	plåster (ett)	['plʲɔstər]
Pipette (f)	pipett (en)	[pi'pɛt]
Thermometer (n)	termometer (en)	[tɛrmʊ'metər]
Spritze (f)	spruta (en)	['sprɵta]

| Rollstuhl (m) | rullstol (en) | ['rɵlʲ‚stʊlʲ] |
| Krücken (pl) | kryckor (pl) | ['krɵkʊr] |

| Betäubungsmittel (n) | smärtstillande medel (ett) | ['smæːt‚stilʲande 'medəlʲ] |

Abführmittel (n)	laxermedel (ett)	['lʲaksər 'medəlʲ]
Spiritus (m)	sprit (en)	['sprit]
Heilkraut (n)	läkeväxter (pl)	['lʲɛkə‚vɛkstər]
Kräuter- (z.B. Kräutertee)	ört-	['øːt-]

T&P BOOKS

WOHNUNG

T&P Books Publishing

68. Wohnung

Wohnung (f)	lägenhet (en)	['lʲe:gən,het]
Zimmer (n)	rum (ett)	['ru:m]
Schlafzimmer (n)	sovrum (ett)	['sɔv,rum]
Esszimmer (n)	matsal (en)	['matsalʲ]
Wohnzimmer (n)	vardagsrum (ett)	['va:ḍas,rum]
Arbeitszimmer (n)	arbetsrum (ett)	['arbets,rum]
Vorzimmer (n)	entréhall (en)	[ɛntre:halʲ]
Badezimmer (n)	badrum (ett)	['bad,ru:m]
Toilette (f)	toalett (en)	[tʊa'lʲet]
Decke (f)	tak (ett)	['tak]
Fußboden (m)	golv (ett)	['gɔlʲv]
Ecke (f)	hörn (ett)	['hø:ɳ]

69. Möbel. Innenausstattung

Möbel (n)	möbel (en)	['mø:bəlʲ]
Tisch (m)	bord (ett)	['bʊ:ḍ]
Stuhl (m)	stol (en)	['stʊlʲ]
Bett (n)	säng (en)	['sɛŋ]
Sofa (n)	soffa (en)	['sɔfa]
Sessel (m)	fåtölj, länstol (en)	[fo:'tœljj], ['lɛn,stʊlʲ]
Bücherschrank (m)	bokhylla (en)	['bʊk,hylʲa]
Regal (n)	hylla (en)	['hylʲa]
Schrank (m)	garderob (en)	[ga:ḍə'rɔ:b]
Hakenleiste (f)	knagg (en)	['knag]
Kleiderständer (m)	klädhängare (en)	['klʲɛd,hɛŋarə]
Kommode (f)	byrå (en)	['byro:]
Couchtisch (m)	soffbord (ett)	['sɔf,bʊ:ḍ]
Spiegel (m)	spegel (en)	['spegəlʲ]
Teppich (m)	matta (en)	['mata]
Matte (kleiner Teppich)	liten matta (en)	['litən 'mata]
Kamin (m)	kamin (en), eldstad (ett)	[ka'min], ['ɛlʲd,stad]
Kerze (f)	ljus (ett)	['jʉ:s]
Kerzenleuchter (m)	ljusstake (en)	['jʉ:s,stakə]
Vorhänge (pl)	gardiner (pl)	[ga:'ḍinər]

| Tapete (f) | tapet (en) | [ta'pet] |
| Jalousie (f) | persienn (en) | [pɛ'sjen] |

Tischlampe (f)	bordslampa (en)	['bʊːdsˌlʲampa]
Leuchte (f)	vägglampa (en)	['vɛgˌlʲampa]
Stehlampe (f)	golvlampa (en)	['gɔlʲvˌlʲampa]
Kronleuchter (m)	ljuskrona (en)	['jʉːsˌkrʊna]

Bein (n) (Tischbein usw.)	ben (ett)	['beːn]
Armlehne (f)	armstöd (ett)	['armˌstøːd]
Lehne (f)	rygg (en)	['rʏg]
Schublade (f)	låda (en)	['lʲoːda]

70. Bettwäsche

Bettwäsche (f)	sängkläder (pl)	['sɛŋˌklʲɛːdər]
Kissen (n)	kudde (en)	['kudə]
Kissenbezug (m)	örngott (ett)	['øːnˌgɔt]
Bettdecke (f)	duntäcke (ett)	['dʉːnˌtɛkə]
Laken (n)	lakan (ett)	['lʲakan]
Tagesdecke (f)	överkast (ett)	['øːvəˌkast]

71. Küche

Küche (f)	kök (ett)	['ɕøːk]
Gas (n)	gas (en)	['gas]
Gasherd (m)	gasspis (en)	['gasˌspis]
Elektroherd (m)	elektrisk spis (en)	[ɛ'lʲektrisk ˌspis]
Backofen (m)	bakugn (en)	['bakˌugn]
Mikrowellenherd (m)	mikrovågsugn (en)	['mikrʊvɔgsˌugn]

Kühlschrank (m)	kylskåp (ett)	['ɕylʲˌskoːp]
Tiefkühltruhe (f)	frys (en)	['frys]
Geschirrspülmaschine (f)	diskmaskin (en)	['diskˌma'ɧiːn]

Fleischwolf (m)	köttkvarn (en)	['ɕœtˌkvaːn]
Saftpresse (f)	juicepress (en)	['juːsˌprɛs]
Toaster (m)	brödrost (en)	['brøːdˌrɔst]
Mixer (m)	mixer (en)	['miksər]

Kaffeemaschine (f)	kaffebryggare (en)	['kafəˌbrʏgarə]
Kaffeekanne (f)	kaffekanna (en)	['kafeˌkana]
Kaffeemühle (f)	kaffekvarn (en)	['kafəˌkvaːn]

Wasserkessel (m)	tekittel (en)	['teˌɕitəlʲ]
Teekanne (f)	tekanna (en)	['teˌkana]
Deckel (m)	lock (ett)	['lʲɔk]
Teesieb (n)	tesil (en)	['teˌsilʲ]

Löffel (m)	sked (en)	['ɧed]
Teelöffel (m)	tesked (en)	['te͵ɧed]
Esslöffel (m)	matsked (en)	['mat͵ɧed]
Gabel (f)	gaffel (en)	['gafəlʲ]
Messer (n)	kniv (en)	['kniv]

Geschirr (n)	servis (en)	[sɛr'vis]
Teller (m)	tallrik (en)	['talʲrik]
Untertasse (f)	tefat (ett)	['te͵fat]

Weinglas (n)	shotglas (ett)	['ʃot͵glʲas]
Glas (n)	glas (ett)	['glʲas]
Tasse (f)	kopp (en)	['kop]

Zuckerdose (f)	sockerskål (en)	['sɔkə:͵sko:lʲ]
Salzstreuer (m)	saltskål (en)	['salʲt͵sko:lʲ]
Pfefferstreuer (m)	pepparskål (en)	['pɛpa͵sko:lʲ]
Butterdose (f)	smörfat (en)	['smœr͵fat]

Kochtopf (m)	kastrull, gryta (en)	[ka'strulʲ], ['gryta]
Pfanne (f)	stekpanna (en)	['stek͵pana]
Schöpflöffel (m)	slev (en)	['slʲev]
Durchschlag (m)	durkslag (ett)	['durk͵slʲag]
Tablett (n)	bricka (en)	['brika]

Flasche (f)	flaska (en)	['flʲaska]
Einmachglas (n)	glasburk (en)	['glʲas͵burk]
Dose (f)	burk (en)	['burk]

Flaschenöffner (m)	flasköppnare (en)	['flʲask͵øpnarə]
Dosenöffner (m)	burköppnare (en)	['burk͵øpnarə]
Korkenzieher (m)	korkskruv (en)	['kɔrk͵skrʉ:v]
Filter (n)	filter (ett)	['filʲtər]
filtern (vt)	att filtrera	[at filʲ'trera]

| Müll (m) | sopor, avfall (ett) | ['sʊpʊr], ['avfalʲ] |
| Mülleimer, Treteimer (m) | sophink (en) | ['sʊp͵hiŋk] |

72. Bad

Badezimmer (n)	badrum (ett)	['bad͵ru:m]
Wasser (n)	vatten (ett)	['vatən]
Wasserhahn (m)	kran (en)	['kran]
Warmwasser (n)	varmvatten (ett)	['varm͵vatən]
Kaltwasser (n)	kallvatten (ett)	['kalʲ͵vatən]

Zahnpasta (f)	tandkräm (en)	['tand͵krɛm]
Zähne putzen	att borsta tänderna	[at 'bɔ:ʂta 'tɛndɛ:ɳa]
Zahnbürste (f)	tandborste (en)	['tand͵bɔ:ʂtə]
sich rasieren	att raka sig	[at 'raka sɛj]

| Rasierschaum (m) | raklödder (ett) | ['rak‚lʲødər] |
| Rasierer (m) | hyvel (en) | ['hyvəlʲ] |

waschen (vt)	att tvätta	[at 'tvæta]
sich waschen	att tvätta sig	[at 'tvæta sɛj]
Dusche (f)	dusch (en)	['duʃ]
sich duschen	att duscha	[at 'duʃa]

Badewanne (f)	badkar (ett)	['bad‚kar]
Klosettbecken (n)	toalettstol (en)	[tʊa'lʲet‚stʊlʲ]
Waschbecken (n)	handfat (ett)	['hand‚fat]

| Seife (f) | tvål (en) | ['tvo:lʲ] |
| Seifenschale (f) | tvålskål (en) | ['tvo:lʲ‚sko:lʲ] |

Schwamm (m)	svamp (en)	['svamp]
Shampoo (n)	schampo (ett)	['ʃam‚pʊ]
Handtuch (n)	handduk (en)	['hand‚dɯ:k]
Bademantel (m)	morgonrock (en)	['mɔrgɔn‚rɔk]

Wäsche (f)	tvätt (en)	['tvæt]
Waschmaschine (f)	tvättmaskin (en)	['tvæt‚ma'ʃi:n]
waschen (vt)	att tvätta kläder	[at 'tvæta 'klʲɛ:dər]
Waschpulver (n)	tvättmedel (ett)	['tvæt‚medəlʲ]

73. Haushaltsgeräte

Fernseher (m)	teve (en)	['teve]
Tonbandgerät (n)	bandspelare (en)	['band‚spelʲarə]
Videorekorder (m)	video (en)	['videʊ]
Empfänger (m)	radio (en)	['radiʊ]
Player (m)	spelare (en)	['spelʲarə]

Videoprojektor (m)	videoprojektor (en)	['videʊ prʊ'jɛktʊr]
Heimkino (n)	hemmabio (en)	['hɛma‚bi:ʊ]
DVD-Player (m)	DVD spelare (en)	[deve'de: ‚spelʲarə]
Verstärker (m)	förstärkare (en)	[fœ:'ʂtæ:karə]
Spielkonsole (f)	spelkonsol (en)	['spelʲ kɔn'sɔlʲ]

Videokamera (f)	videokamera (en)	['videʊ‚kamera]
Kamera (f)	kamera (en)	['kamera]
Digitalkamera (f)	digitalkamera (en)	[digi'talʲ ‚kamera]

Staubsauger (m)	dammsugare (en)	['dam‚sɯgarə]
Bügeleisen (n)	strykjärn (ett)	['stryk‚jæ:ɳ]
Bügelbrett (n)	strykbräda (en)	['stryk‚brɛ:da]

Telefon (n)	telefon (en)	[telʲe'fɔn]
Mobiltelefon (n)	mobiltelefon (en)	[mɔ'bilʲ telʲe'fɔn]
Schreibmaschine (f)	skrivmaskin (en)	['skriv‚ma'ʃi:n]

Nähmaschine (f)	symaskin (en)	['sy‚ma'ɧiːn]
Mikrophon (n)	mikrofon (en)	[mikrʊ'fɔn]
Kopfhörer (m)	hörlurar (pl)	['hœː‚lʲɰːrar]
Fernbedienung (f)	fjärrkontroll (en)	['fjæːr‚kɔn'trolʲ]
CD (f)	cd-skiva (en)	['sede ‚ɧiva]
Kassette (f)	kassett (en)	[ka'sɛt]
Schallplatte (f)	skiva (en)	['ɧiva]

DIE ERDE. WETTER

T&P Books Publishing

Kosmos (m)	**rymden, kosmos (ett)**	[rʋmden], ['kosmɔs]
kosmisch, Raum-	**rymd-**	['rʋmd-]
Weltraum (m)	**yttre rymd (en)**	['ytrə ‚rʋmd]
All (n)	**värld (en)**	['væːɖ]
Universum (n)	**universum (ett)**	[uni'vɛːʂum]
Galaxie (f)	**galax (en)**	[ga'lʲaks]
Stern (m)	**stjärna (en)**	['ɧæːŋa]
Gestirn (n)	**stjärnbild (en)**	['ɧæːn‚bilʲd]
Planet (m)	**planet (en)**	[plʲa'net]
Satellit (m)	**satellit (en)**	[satɛ'liːt]
Meteorit (m)	**meteorit (en)**	[meteʊ'rit]
Komet (m)	**komet (en)**	[kʊ'met]
Asteroid (m)	**asteroid (en)**	[asterʊ'id]
Umlaufbahn (f)	**bana (en)**	['bana]
sich drehen	**att rotera**	[at rʊ'tera]
Atmosphäre (f)	**atmosfär (en)**	[atmʊ'sfæːr]
Sonne (f)	**Solen**	['sʊlʲən]
Sonnensystem (n)	**solsystem (ett)**	['sʊlʲ ‚sʏ'stem]
Sonnenfinsternis (f)	**solförmörkelse (en)**	['sʊlʲfør'mœ‚rkəlʲsə]
Erde (f)	**Jorden**	['jʊːɖən]
Mond (m)	**Månen**	['moːnən]
Mars (m)	**Mars**	['maːʂ]
Venus (f)	**Venus**	['veːnus]
Jupiter (m)	**Jupiter**	['jupitər]
Saturn (m)	**Saturnus**	[sa'tuːŋus]
Merkur (m)	**Merkurius**	[mɛr'kʉrius]
Uran (m)	**Uranus**	[ʉ'ranus]
Neptun (m)	**Neptunus**	[nep'tʉnus]
Pluto (m)	**Pluto**	['plʉtʊ]
Milchstraße (f)	**Vintergatan**	['vintə‚gatan]
Der Große Bär	**Stora bjornen**	['stʊra 'bjʉːŋən]
Polarstern (m)	**Polstjärnan**	['pʊlʲ‚ɧæːŋan]
Marsbewohner (m)	**marsian (en)**	[maːʂi'an]
Außerirdischer (m)	**utomjording (en)**	['ʉtom‚jʊːɖisk]

außerirdisches Wesen (n)	rymdväsen (ett)	['rʏmdˌvɛsən]
fliegende Untertasse (f)	flygande tefat (ett)	['flʲygandə 'tefat]
Raumschiff (n)	rymdskepp (ett)	['rʏmdˌɧɛp]
Raumstation (f)	rymdstation (en)	['rʏmd sta'ɧʊn]
Raketenstart (m)	start (en)	['staːt̺]
Motor (m)	motor (en)	['mʊtʊr]
Düse (f)	dysa (en)	['dysa]
Treibstoff (m)	bränsle (ett)	['brɛnslʲe]
Kabine (f)	cockpit, flygdäck (en)	['kɔkpit], ['flʏgˌdɛk]
Antenne (f)	antenn (en)	[an'tɛn]
Bullauge (n)	fönster (ett)	['fœnstər]
Sonnenbatterie (f)	solbatteri (ett)	['sʊlʲˌbatɛ'riː]
Raumanzug (m)	rymddräkt (en)	['rʏmdˌdrɛkt]
Schwerelosigkeit (f)	tyngdlöshet (en)	['tʏŋdlʲøsˌhet]
Sauerstoff (m)	syre, oxygen (ett)	['syrə], ['oksygən]
Ankopplung (f)	dockning (en)	['dɔkniŋ]
koppeln (vi)	att docka	[at 'dɔka]
Observatorium (n)	observatorium (ett)	[ɔbsɛrva'tʊrium]
Teleskop (n)	teleskop (ett)	[telʲe'skɔp]
beobachten (vt)	att observera	[at ɔbsɛr'vera]
erforschen (vt)	att utforska	[at 'ʉtˌfɔːʂka]

75. Die Erde

Erde (f)	Jorden	['jʊːd̪ən]
Erdkugel (f)	jordklot (ett)	['jʊːd̪ˌklʲʊt]
Planet (m)	planet (en)	[plʲa'net]
Atmosphäre (f)	atmosfär (en)	[atmʊ'sfæːr]
Geographie (f)	geografi (en)	[jeʊgra'fiː]
Natur (f)	natur (en)	[na'tʉːr]
Globus (m)	glob (en)	['glʲʊb]
Landkarte (f)	karta (en)	['kaːʈa]
Atlas (m)	atlas (en)	['atlʲas]
Europa (n)	Europa	[eu'rʊpa]
Asien (n)	Asien	['asiən]
Afrika (n)	Afrika	['afrika]
Australien (n)	Australien	[au'straliən]
Amerika (n)	Amerika	[a'merika]
Nordamerika (n)	Nordamerika	['nʊːd̪ a'merika]
Südamerika (n)	Sydamerika	['syd a'merika]

| Antarktis (f) | Antarktis | [an'tarktis] |
| Arktis (f) | Arktis | ['arktis] |

76. Himmelsrichtungen

Norden (m)	norr	['nɔr]
nach Norden	norrut	['nɔrʉt]
im Norden	i norr	[i 'nɔr]
nördlich	nordlig	['nʉːdlig]

Süden (m)	söder (en)	['søːdər]
nach Süden	söderut	['søːdərʉt]
im Süden	i söder	[i 'søːdər]
südlich	syd-, söder	['syd-], ['søːdər]

Westen (m)	väster (en)	['vɛstər]
nach Westen	västerut	['vɛstərʉt]
im Westen	i väst	[i vɛst]
westlich, West-	västra	['vɛstra]

Osten (m)	öster (en)	['œstər]
nach Osten	österut	['œstərʉt]
im Osten	i öst	[i 'œst]
östlich	östra	['œstra]

77. Meer. Ozean

Meer (n), See (f)	hav (ett)	['hav]
Ozean (m)	ocean (en)	[ʊsə'an]
Bucht (f)	bukt (en)	['bukt]
Meerenge (f)	sund (ett)	['sund]

Festland (n)	fastland (ett)	['fastˌlʲand]
Kontinent (m)	fastland (ett),	['fastˌlʲand],
	kontinent (en)	[kɔnti'nɛnt]

Insel (f)	ö (en)	['øː]
Halbinsel (f)	halvö (en)	['halʲvˌøː]
Archipel (m)	skärgård, arkipelag (en)	['ʃæːrˌgoːd̥], [arkipe'lʲag]

Bucht (f)	bukt (en)	['bukt]
Hafen (m)	hamn (en)	['hamn]
Lagune (f)	lagun (en)	[lʲa'gʉːn]
Kap (n)	udde (en)	['udə]

Atoll (n)	atoll (en)	[a'tɔlʲ]
Riff (n)	rev (ett)	['rev]
Koralle (f)	korall (en)	[kɔ'ralʲ]
Korallenriff (n)	korallrev (ett)	[kɔ'ralʲˌrev]

tief (Adj)	djup	['jɯ:p]
Tiefe (f)	djup (ett)	['jɯ:p]
Abgrund (m)	avgrund (en)	['av‚grɯnd]
Graben (m)	djuphavsgrav (en)	['jɯ:phavs‚grav]

| Strom (m) | ström (en) | ['strø:m] |
| umspülen (vt) | att omge | [at 'ɔmje] |

| Ufer (n) | kust (en) | ['kust] |
| Küste (f) | kust (en) | ['kust] |

Flut (f)	flod (en)	['flʲud]
Ebbe (f)	ebb (en)	['ɛb]
Sandbank (f)	sandbank (en)	['sand‚baŋk]
Boden (m)	botten (en)	['bɔtən]

Welle (f)	våg (en)	['vo:g]
Wellenkamm (m)	vågkam (en)	['vo:g‚kam]
Schaum (m)	skum (ett)	['skum]

Sturm (m)	storm (en)	['stɔrm]
Orkan (m)	orkan (en)	[ɔr'kan]
Tsunami (m)	tsunami (en)	[tsu'nami]
Windstille (f)	stiltje (en)	['stilʲtjə]
ruhig	stilla	['stilʲa]

| Pol (m) | pol (en) | ['pulʲ] |
| Polar- | pol-, polar- | ['pulʲ-], [pu'lʲar-] |

Breite (f)	latitud (en)	[lʲati'tɯ:d]
Länge (f)	longitud (en)	[lʲɔŋi'tɯ:d]
Parallele (f)	breddgrad (en)	['brɛd‚grad]
Äquator (m)	ekvator (en)	[ɛ'kvatur]

Himmel (m)	himmel (en)	['himəlʲ]
Horizont (m)	horisont (en)	[huri'sɔnt]
Luft (f)	luft (en)	['lɯft]

Leuchtturm (m)	fyr (en)	['fyr]
tauchen (vi)	att dyka	[at 'dyka]
versinken (vi)	att sjunka	[at 'ɧuŋka]
Schätze (pl)	skatter (pl)	['skatər]

78. Namen der Meere und Ozeane

Atlantischer Ozean (m)	Atlanten	[at'lʲantən]
Indischer Ozean (m)	Indiska oceanen	['indiska usə'anən]
Pazifischer Ozean (m)	Stilla havet	['stilʲa 'havɛt]
Arktischer Ozean (m)	Norra ishavet	['nɔra ‚is'havɛt]
Schwarzes Meer (n)	Svarta havet	['sva:ʈa 'havɛt]

Rotes Meer (n)	Röda havet	['rø:da 'havɛt]
Gelbes Meer (n)	Gula havet	['gɵ:lʲa 'havɛt]
Weißes Meer (n)	Vita havet	['vita 'havɛt]

Kaspisches Meer (n)	Kaspiska havet	['kaspiska 'havɛt]
Totes Meer (n)	Döda havet	['dø:da 'havɛt]
Mittelmeer (n)	Medelhavet	['medəlʲˌhavɛt]

| Ägäisches Meer (n) | Egeiska havet | [ɛ'gejska 'havɛt] |
| Adriatisches Meer (n) | Adriatiska havet | [adri'atiska 'havɛt] |

Arabisches Meer (n)	Arabiska havet	[a'rabiska 'havɛt]
Japanisches Meer (n)	Japanska havet	[ja'panska 'havɛt]
Beringmeer (n)	Beringshavet	['beringsˌhavɛt]
Südchinesisches Meer (n)	Sydkinesiska havet	['sydɕiˌnesiska 'havɛt]

Korallenmeer (n)	Korallhavet	[kɔ'ralʲˌhavɛt]
Tasmansee (f)	Tasmanhavet	[tas'manˌhavɛt]
Karibisches Meer (n)	Karibiska havet	[ka'ribiska 'havɛt]

| Barentssee (f) | Barentshavet | ['barɛntsˌhavɛt] |
| Karasee (f) | Karahavet | ['karaˌhavɛt] |

Nordsee (f)	Nordsjön	['nʊːɖˌɧøːn]
Ostsee (f)	Östersjön	['œstɛːˌɧøːn]
Nordmeer (n)	Norska havet	['nɔːʂka 'havɛt]

79. Berge

Berg (m)	berg (ett)	['bɛrj]
Gebirgskette (f)	bergskedja (en)	['bɛrjˌɕedja]
Bergrücken (m)	bergsrygg (en)	['bɛrjsˌrʏg]

Gipfel (m)	topp (en)	['tɔp]
Spitze (f)	tinne (en)	['tinə]
Bergfuß (m)	fot (en)	['fʊt]
Abhang (m)	sluttning (en)	['slɵːtniŋ]

Vulkan (m)	vulkan (en)	[vulʲ'kan]
tätiger Vulkan (m)	verksam vulkan (en)	['vɛrksam vulʲ'kan]
schlafender Vulkan (m)	slocknad vulkan (en)	['slʲɔknad vulʲ'kan]

Ausbruch (m)	utbrott (ett)	['ɵtˌbrɔt]
Krater (m)	krater (en)	['kratər]
Magma (n)	magma (en)	['magma]
Lava (f)	lava (en)	['lʲava]
glühend heiß (-e Lava)	glödgad	['glʲœdgad]

| Cañon (m) | kanjon (en) | ['kanjɔn] |
| Schlucht (f) | klyfta (en) | ['klʲyfta] |

| Spalte (f) | skreva (en) | ['skreva] |
| Abgrund (m) (steiler ~) | avgrund (en) | ['av‚grʉnd] |

Gebirgspass (m)	pass (ett)	['pas]
Plateau (n)	platå (en)	[plʲa'to:]
Fels (m)	klippa (en)	['klipa]
Hügel (m)	kulle, backe (en)	['kulʲe], ['bakə]

Gletscher (m)	glaciär, jökel (en)	[glʲas'jæ:r], ['jø:kəlʲ]
Wasserfall (m)	vattenfall (ett)	['vaten‚falʲ]
Geiser (m)	gejser (en)	['gɛjsər]
See (m)	sjö (en)	['ŋø:]

Ebene (f)	slätt (en)	['slʲæt]
Landschaft (f)	landskap (ett)	['lʲaŋ‚skap]
Echo (n)	eko (ett)	['ɛkʉ]

Bergsteiger (m)	alpinist (en)	['alʲpi‚nist]
Kletterer (m)	bergsbestigare (en)	['bɛrjs‚be'stigarə]
bezwingen (vt)	att erövra	[at ɛ'rœvra]
Aufstieg (m)	bestigning (en)	[be'stigniŋ]

80. Namen der Berge

Alpen (pl)	**Alperna**	['alʲpɛ:ŋa]
Montblanc (m)	**Mont Blanc**	[‚mɔn'blʲaŋ]
Pyrenäen (pl)	**Pyrenéerna**	[pyre'neæ:ŋa]

Karpaten (pl)	**Karpaterna**	[kar'patɛ:ŋa]
Uralgebirge (n)	**Uralbergen**	[ʉ'ralʲ‚bɛrjen]
Kaukasus (m)	**Kaukasus**	['kaukasus]
Elbrus (m)	**Elbrus**	['ɛlʲbrʉs]

Altai (m)	**Altaj**	[alʲ'taj]
Tian Shan (m)	**Tian Shan**	[ti'an ʃan]
Pamir (m)	**Pamir**	[pa'mir]
Himalaja (m)	**Himalaya**	[hi'malʲaja]
Everest (m)	**Everest**	[ɛve'rɛst]

| Anden (pl) | **Anderna** | ['andɛ:ŋa] |
| Kilimandscharo (m) | **Kilimanjaro** | [kiliman'jarʉ] |

81. Flüsse

Fluss (m)	**älv, flod (en)**	['ɛlʲv], ['flʲʉd]
Quelle (f)	**källa (en)**	['ɕɛlʲa]
Flussbett (n)	**flodbädd (en)**	['flʲʉd‚bɛd]
Stromgebiet (n)	**flodbassäng (en)**	['flʲʉd‚ba'sɛŋ]

einmünden in ...	att mynna ut ...	[at 'mɣna ʉt ...]
Nebenfluss (m)	biflod (en)	['biˌflʉd]
Ufer (n)	strand (en)	['strand]

Strom (m)	ström (en)	['strøːm]
stromabwärts	nedströms	['nɛdˌstrœms]
stromaufwärts	motströms	['mʉtˌstrœms]

Überschwemmung (f)	översvämning (en)	['øːvəˌsvɛmniŋ]
Hochwasser (n)	flöde (ett)	['flʲøːdə]
aus den Ufern treten	att flöda över	[at 'flʲøːda ˌøːvər]
überfluten (vt)	att översvämma	[at 'øːvəˌsvɛma]

| Sandbank (f) | grund (ett) | ['grʉnd] |
| Stromschnelle (f) | forsar (pl) | [fo'ʂar] |

Damm (m)	damm (en)	['dam]
Kanal (m)	kanal (en)	[ka'nalʲ]
Stausee (m)	reservoar (ett)	[resɛrvʉ'aːr]
Schleuse (f)	sluss (en)	['slʉːs]

Gewässer (n)	vattensamling (en)	['vatənˌsamliŋ]
Sumpf (m), Moor (n)	myr, mosse (en)	['myr], ['mʉsə]
Marsch (f)	gungfly (ett)	['guŋˌfly]
Strudel (m)	strömvirvel (en)	['strøːmˌvirvəlʲ]

Bach (m)	bäck (en)	['bɛk]
Trink- (z.B. Trinkwasser)	dricks-	['driks-]
Süß- (Wasser)	söt-, färsk-	['søːt-], ['fæːʂk-]

| Eis (n) | is (en) | ['is] |
| zufrieren (vi) | att frysa till | [at 'frysa tilʲ] |

82. Namen der Flüsse

| Seine (f) | Seine | ['sɛːn] |
| Loire (f) | Loire | [lʲʉ'aːr] |

Themse (f)	Themsen	['tɛmsən]
Rhein (m)	Rhen	['ren]
Donau (f)	Donau	['dɔnaʉ]

Wolga (f)	Volga	['vɔlʲga]
Don (m)	Don	['dɔn]
Lena (f)	Lena	['lʲena]

Gelber Fluss (m)	Hwang-ho	[huaŋ'hʉ]
Jangtse (m)	Yangtze	['jɑŋtsə]
Mekong (m)	Mekong	[me'kɔŋ]
Ganges (m)	Ganges	['gaŋəs]

Nil (m)	Nilen	['niˡen]
Kongo (m)	Kongo	['kɔŋgʊ]
Okavango (m)	Okavango	[ɔka'vangʊ]
Sambesi (m)	Zambezi	[sam'besi]
Limpopo (m)	Limpopo	[lim'pɔpɔ]
Mississippi (m)	Mississippi	[misi'sipi]

83. Wald

| Wald (m) | skog (en) | ['skʊg] |
| Wald- | skogs- | ['skʊgs-] |

Dickicht (n)	tät skog (en)	['tɛt ˌskʊg]
Gehölz (n)	lund (en)	['lʉnd]
Lichtung (f)	glänta (en)	['glˡɛnta]

| Dickicht (n) | snår (ett) | ['snoːr] |
| Gebüsch (n) | buskterräng (en) | ['busk tɛ'rɛŋ] |

| Fußweg (m) | stig (en) | ['stig] |
| Schlucht (f) | ravin (en) | [ra'vin] |

Baum (m)	träd (ett)	['trɛːd]
Blatt (n)	löv (ett)	['ˡøːv]
Laub (n)	löv, lövverk (ett)	['ˡøːv], ['ˡøːværk]

Laubfall (m)	lövfällning (en)	['ˡøːvˌfɛlˡniŋ]
fallen (vi) (Blätter)	att falla	[at 'falˡa]
Wipfel (m)	trädtopp (en)	['trɛːˌtɔp]

Zweig (m)	gren, kvist (en)	['gren], ['kvist]
Ast (m)	gren (en)	['gren]
Knospe (f)	knopp (en)	['knɔp]
Nadel (f)	nål (en)	['noːlˡ]
Zapfen (m)	kotte (en)	['kɔtə]

Höhlung (f)	trädhål (ett)	['trɛːdˌhoːlˡ]
Nest (n)	bo (ett)	['bʊ]
Höhle (f)	lya, håla (en)	['ˡya], ['hoːlˡa]

Stamm (m)	stam (en)	['stam]
Wurzel (f)	rot (en)	['rʊt]
Rinde (f)	bark (en)	['bark]
Moos (n)	mossa (en)	['mɔsa]

roden (vt)	att rycka upp med rötterna	[at 'rʏka up me 'rœttɛːˌŋa]
fällen (vt)	att fälla	[at 'fɛlˡa]
abholzen (vt)	att hugga ner	[at 'huga ner]
Baumstumpf (m)	stubbe (en)	['stubə]

Lagerfeuer (n)	bål (ett)	['boːlʲ]
Waldbrand (m)	skogsbrand (en)	['skʊgsˌbrand]
löschen (vt)	att släcka	[at 'slʲɛka]

Förster (m)	skogsvakt (en)	['skʊgsˌvakt]
Schutz (m)	värn, skydd (ett)	['væːn], [ɧydd]
beschützen (vt)	att skydda	[at 'ɧydda]
Wilddieb (m)	tjuvskytt (en)	['ɕʉːvˌɧyt]
Falle (f)	sax (en)	['saks]

| sammeln, pflücken (vt) | att plocka | [at 'plʲɔka] |
| sich verirren | att gå vilse | [at 'goː 'vilʲsə] |

84. natürliche Lebensgrundlagen

Naturressourcen (pl)	naturresurser (pl)	[na'tʉːr re'surʂər]
Bodenschätze (pl)	mineraler (pl)	[mine'ralʲər]
Vorkommen (n)	fyndigheter (pl)	['fʏndiˌhetər]
Feld (n) (Ölfeld usw.)	fält (ett)	['fɛlʲt]

gewinnen (vt)	att utvinna	[at 'ʉtˌvina]
Gewinnung (f)	utvinning (en)	['ʉtˌviniŋ]
Erz (n)	malm (en)	['malʲm]
Bergwerk (n)	gruva (en)	['grʉva]
Schacht (m)	gruvschakt (ett)	['grʉːvˌɧakt]
Bergarbeiter (m)	gruvarbetare (en)	['grʉːvˌarˈbetarə]

| Erdgas (n) | gas (en) | ['gas] |
| Gasleitung (f) | gasledning (en) | ['gasˌlʲedniŋ] |

Erdöl (n)	olja (en)	['ɔlja]
Erdölleitung (f)	oljeledning (en)	['ɔljəˌlʲedniŋ]
Ölquelle (f)	oljekälla (en)	['ɔljəˌɕæla]
Bohrturm (m)	borrtorn (ett)	['bɔrˌtʉːn]
Tanker (m)	tankfartyg (ett)	['taŋkˌfaːˈtyg]

Sand (m)	sand (en)	['sand]
Kalkstein (m)	kalksten (en)	[kalʲkˌsten]
Kies (m)	grus (ett)	['grʉːs]
Torf (m)	torv (en)	['tɔrv]
Ton (m)	lera (en)	['lʲera]
Kohle (f)	kol (ett)	['kɔlʲ]

Eisen (n)	järn (ett)	['jæːn]
Gold (n)	guld (ett)	['gulʲd]
Silber (n)	silver (ett)	['silʲvər]
Nickel (n)	nickel (en)	['nikəlʲ]
Kupfer (n)	koppar (en)	['kopar]
Zink (n)	zink (en)	['siŋk]
Mangan (n)	mangan (en)	[man'gan]

| Quecksilber (n) | kvicksilver (ett) | ['kvik‚silʲvər] |
| Blei (n) | bly (ett) | ['blʲy] |

Mineral (n)	mineral (ett)	[minə'ralʲ]
Kristall (m)	kristall (en)	[kri'stalʲ]
Marmor (m)	marmor (en)	['marmʊr]
Uran (n)	uran (ett)	[ʉ'ran]

85. Wetter

Wetter (n)	väder (ett)	['vɛːdər]
Wetterbericht (m)	väderprognos (en)	['vɛːdər‚prɔg'nɔːs]
Temperatur (f)	temperatur (en)	[tɛmpəra'tʉːr]
Thermometer (n)	termometer (en)	[tɛrmʊ'metər]
Barometer (n)	barometer (en)	[barʊ'metər]

feucht	fuktig	['fuːktig]
Feuchtigkeit (f)	fuktighet (en)	['fuːktig‚het]
Hitze (f)	hetta (en)	['hɛta]
glutheiß	het	['het]
ist heiß	det är hett	[dɛ æːr 'hɛt]

| ist warm | det är varmt | [dɛ æːr varmt] |
| warm (Adj) | varm | ['varm] |

| ist kalt | det är kallt | [dɛ æːr 'kalʲt] |
| kalt (Adj) | kall | ['kalʲ] |

Sonne (f)	sol (en)	['sʊlʲ]
scheinen (vi)	att skina	[at 'ɧina]
sonnig (Adj)	solig	['sʊlig]
aufgehen (vi)	att gå upp	[at 'goː 'up]
untergehen (vi)	att gå ner	[at 'goː ‚ner]

Wolke (f)	moln (ett), sky (en)	['mɔlʲn], ['ɧy]
bewölkt, wolkig	molnig	['mɔlʲnig]
Regenwolke (f)	regnmoln (ett)	['rɛgn‚mɔlʲn]
trüb (-er Tag)	mörk, mulen	['mœːrk], ['mʉːlʲen]

Regen (m)	regn (ett)	['rɛgn]
Es regnet	det regnar	[dɛ 'rɛgnar]
regnerisch (-er Tag)	regnväders-	['rɛgn‚vɛdəʂ-]
nieseln (vi)	att duggregna	[at 'dug‚rɛgna]

strömender Regen (m)	hällande regn (ett)	['hɛlʲandə 'rɛgn]
Regenschauer (m)	spöregn (ett)	['spøː‚rɛgn]
stark (-er Regen)	kraftigt, häftigt	['kraftigt], ['hɛftigt]
Pfütze (f)	pöl, vattenpuss (en)	['pøːlʲ], ['vatən‚pus]
nass werden (vi)	att bli våt	[at bli 'voːt]
Nebel (m)	dimma (en)	['dima]

neblig (-er Tag)	dimmig	['dimig]
Schnee (m)	snö (en)	['snø:]
Es schneit	det snöar	[dɛ 'snø:ar]

86. Unwetter Naturkatastrophen

Gewitter (n)	åskväder (ett)	['ɔsk‚vɛdər]
Blitz (m)	blixt (en)	['blikst]
blitzen (vi)	att blixtra	[at 'blikstra]

Donner (m)	åska (en)	['ɔska]
donnern (vi)	att åska	[at 'ɔska]
Es donnert	det åskar	[dɛ 'ɔskar]

| Hagel (m) | hagel (ett) | ['hagəlʲ] |
| Es hagelt | det haglar | [dɛ 'haglʲar] |

| überfluten (vt) | att översvämma | [at 'ø:və‚svɛma] |
| Überschwemmung (f) | översvämning (en) | ['ø:və‚svɛmniŋ] |

Erdbeben (n)	jordskalv (ett)	['jʊ:d‚skalv]
Erschütterung (f)	skalv (ett)	['skalʲv]
Epizentrum (n)	epicentrum (ett)	[ɛpi'sɛntrum]

| Ausbruch (m) | utbrott (ett) | ['ʉt‚brɔt] |
| Lava (f) | lava (en) | ['lʲava] |

Wirbelsturm (m)	tromb (en)	['trɔmb]
Tornado (m)	tornado (en)	[tʊ'ɳadʊ]
Taifun (m)	tyfon (en)	[ty'fɔn]

Orkan (m)	orkan (en)	[ɔr'kan]
Sturm (m)	storm (en)	['stɔrm]
Tsunami (m)	tsunami (en)	[tsu'nami]

Zyklon (m)	cyklon (en)	[tsɤ'klʲɔn]
Unwetter (n)	oväder (ett)	[ʊ:'vɛ:dər]
Brand (m)	brand (en)	['brand]
Katastrophe (f)	katastrof (en)	[kata'strɔf]
Meteorit (m)	meteorit (en)	[meteʊ'rit]

Lawine (f)	lavin (en)	[lʲa'vin]
Schneelawine (f)	snöskred, snöras (ett)	['snø:‚skred], ['snø:‚ras]
Schneegestöber (n)	snöstorm (en)	['snø:‚stɔrm]
Schneesturm (m)	snöstorm (en)	['snø:‚stɔrm]

FAUNA

T&P Books Publishing

87. Säugetiere. Raubtiere

Raubtier (n)	rovdjur (ett)	['rʊv̩ˌjɵːr]
Tiger (m)	tiger (en)	['tigər]
Löwe (m)	lejon (ett)	['lʲejɔn]
Wolf (m)	ulv (en)	['ulʲv]
Fuchs (m)	räv (en)	['rɛːv]
Jaguar (m)	jaguar (en)	[jaguar]
Leopard (m)	leopard (en)	[lʲeʊ'paːd]
Gepard (m)	gepard (en)	[je'paːd]
Panther (m)	panter (en)	['pantər]
Puma (m)	puma (en)	['pɵːma]
Schneeleopard (m)	snöleopard (en)	['snøː lʲeʊ'paːd]
Luchs (m)	lodjur (ett), lo (en)	['lʲʊˌjɵːr], ['lʲʊ]
Kojote (m)	koyot, prärievarg (en)	[kɔ'jʊt], ['præːrieˌvarj]
Schakal (m)	sjakal (en)	[ɧa'kalʲ]
Hyäne (f)	hyena (en)	[hy'ena]

88. Tiere in freier Wildbahn

Tier (n)	djur (ett)	['jɵːr]
Bestie (f)	best (en), djur (ett)	['bɛst], ['jɵːr]
Eichhörnchen (n)	ekorre (en)	['ɛkɔrə]
Igel (m)	igelkott (en)	['igəlʲˌkɔt]
Hase (m)	hare (en)	['harə]
Kaninchen (n)	kanin (en)	[ka'nin]
Dachs (m)	grävling (en)	['grɛvliŋ]
Waschbär (m)	tvättbjörn (en)	['tvætˌbjøːn]
Hamster (m)	hamster (en)	['hamstər]
Murmeltier (n)	murmeldjur (ett)	['murməlʲjɵːr]
Maulwurf (m)	mullvad (en)	['mulʲˌvad]
Maus (f)	mus (en)	['mɵːs]
Ratte (f)	råtta (en)	['rɔta]
Fledermaus (f)	fladdermus (en)	['flʲadərˌmɵːs]
Hermelin (n)	hermelin (en)	[hɛrme'lin]
Zobel (m)	sobel (en)	['sɔbəlʲ]
Marder (m)	mård (en)	['moːd]

| Wiesel (n) | vessla (en) | ['vɛslʲa] |
| Nerz (m) | mink (en) | ['miŋk] |

| Biber (m) | bäver (en) | ['bɛːvər] |
| Fischotter (m) | utter (en) | ['ʉːtər] |

Pferd (n)	häst (en)	['hɛst]
Elch (m)	älg (en)	['ɛlj]
Hirsch (m)	hjort (en)	['jʊːt]
Kamel (n)	kamel (en)	[ka'melʲ]

Bison (m)	bison (en)	['bisɔn]
Wisent (m)	uroxe (en)	['ʉˌroksə]
Büffel (m)	buffel (en)	['bufəlʲ]

Zebra (n)	sebra (en)	['sebra]
Antilope (f)	antilop (en)	[anti'lʲʊp]
Reh (n)	rådjur (ett)	['rɔːjʉːr]
Damhirsch (m)	dovhjort (en)	['dɔvˌjʊːt]
Gämse (f)	gems (en)	['jɛms]
Wildschwein (n)	vildsvin (ett)	['vilʲdˌsvin]

Wal (m)	val (en)	['valʲ]
Seehund (m)	säl (en)	['sɛːlʲ]
Walroß (n)	valross (en)	['valʲˌrɔs]
Seebär (m)	pälssäl (en)	['pɛlʲsˌsɛlʲ]
Delfin (m)	delfin (en)	[dɛlʲ'fin]

Bär (m)	björn (en)	['bjøːɳ]
Eisbär (m)	isbjörn (en)	['isˌbjøːɳ]
Panda (m)	panda (en)	['panda]

Affe (m)	apa (en)	['apa]
Schimpanse (m)	schimpans (en)	[ɧim'pans]
Orang-Utan (m)	orangutang (en)	[ʊ'raŋgʉˌtaŋ]
Gorilla (m)	gorilla (en)	[gɔ'rilʲa]
Makak (m)	makak (en)	[ma'kak]
Gibbon (m)	gibbon (en)	[gi'bʊn]

| Elefant (m) | elefant (en) | [ɛlʲe'fant] |
| Nashorn (n) | noshörning (en) | ['nʊsˌhøːɳiɳ] |

| Giraffe (f) | giraff (en) | [ɧi'raf] |
| Flusspferd (n) | flodhäst (en) | ['flʲʊdˌhɛst] |

| Känguru (n) | känguru (en) | ['ɕɛŋgurʉ] |
| Koala (m) | koala (en) | [kʊ'alʲa] |

Manguste (f)	mangust, mungo (en)	['mangust], ['muŋgʉ]
Chinchilla (n)	chinchilla (en)	[ʃin'ʃilʲa]
Skunk (m)	skunk (en)	['skuŋk]
Stachelschwein (n)	piggsvin (ett)	['pigˌsvin]

89. Haustiere

Katze (f)	katt (en)	['kat]
Kater (m)	hankatt (en)	['han‚kat]
Hund (m)	hund (en)	['hund]
Pferd (n)	häst (en)	['hɛst]
Hengst (m)	hingst (en)	['hiŋst]
Stute (f)	sto (ett)	['stʊ:]
Kuh (f)	ko (en)	['kɔ:]
Stier (m)	tjur (en)	['ɕʉ:r]
Ochse (m)	oxe (en)	['ʊksə]
Schaf (n)	får (ett)	['fo:r]
Hammel (m)	bagge (en)	['bagə]
Ziege (f)	get (en)	['jet]
Ziegenbock (m)	getabock (en)	['jeta‚bɔk]
Esel (m)	åsna (en)	['ɔsna]
Maultier (n)	mula (en)	['mʉlʲa]
Schwein (n)	svin (ett)	['svin]
Ferkel (n)	griskulting (en)	['gris‚kulʲtiŋ]
Kaninchen (n)	kanin (en)	[ka'nin]
Huhn (n)	höna (en)	['hø:na]
Hahn (m)	tupp (en)	['tup]
Ente (f)	anka (en)	['aŋka]
Enterich (m)	andrik, andrake (en)	['andrik], ['andrakə]
Gans (f)	gås (en)	['go:s]
Puter (m)	kalkontupp (en)	[kalʲ'kʊn‚tup]
Pute (f)	kalkonhöna (en)	[kalʲ'kʊn‚hø:na]
Haustiere (pl)	husdjur (pl)	['hʉsˌjʉ:r]
zahm	tam	['tam]
zähmen (vt)	att tämja	[at 'tɛmja]
züchten (vt)	att avla, att föda upp	[at 'avlʲa], [at 'fø:da up]
Farm (f)	farm, lantgård (en)	[farm], ['lʲantˌgo:d]
Geflügel (n)	fjäderfä (ett)	['fjɛ:dərˌfɛ:]
Vieh (n)	boskap (en)	['bʊskap]
Herde (f)	hjord (en)	['jʊ:d]
Pferdestall (m)	stall (ett)	['stalʲ]
Schweinestall (m)	svinstia (en)	['svinˌstia]
Kuhstall (m)	ladugård (en), kostall (ett)	['lʲaduˌgo:d], ['kostalʲ]
Kaninchenstall (m)	kaninbur (en)	[ka'ninˌbu:r]
Hühnerstall (m)	hönshus (ett)	['hø:nsˌhʉs]

90. Vögel

Vogel (m)	**fågel (en)**	['foːgəlʲ]
Taube (f)	**duva (en)**	['dʉːva]
Spatz (m)	**sparv (en)**	['sparv]
Meise (f)	**talgoxe (en)**	['taljʉksə]
Elster (f)	**skata (en)**	['skata]
Rabe (m)	**korp (en)**	['kɔrp]
Krähe (f)	**kråka (en)**	['kroːka]
Dohle (f)	**kaja (en)**	['kaja]
Saatkrähe (f)	**råka (en)**	['roːka]
Ente (f)	**anka (en)**	['aŋka]
Gans (f)	**gås (en)**	['goːs]
Fasan (m)	**fasan (en)**	[fa'san]
Adler (m)	**örn (en)**	['øːɳ]
Habicht (m)	**hök (en)**	['høːk]
Falke (m)	**falk (en)**	['falʲk]
Greif (m)	**gam (en)**	['gam]
Kondor (m)	**kondor (en)**	['kɔnˌdor]
Schwan (m)	**svan (en)**	['svan]
Kranich (m)	**trana (en)**	['trana]
Storch (m)	**stork (en)**	['stɔrk]
Papagei (m)	**papegoja (en)**	[pape'gɔja]
Kolibri (m)	**kolibri (en)**	['kɔlibri]
Pfau (m)	**påfågel (en)**	['poːˌfoːgəlʲ]
Strauß (m)	**struts (en)**	['struts]
Reiher (m)	**häger (en)**	['hɛːgər]
Flamingo (m)	**flamingo (en)**	[flʲa'mingɔ]
Pelikan (m)	**pelikan (en)**	[peli'kan]
Nachtigall (f)	**näktergal (en)**	['nɛktəˌgalʲ]
Schwalbe (f)	**svala (en)**	['svalʲa]
Drossel (f)	**trast (en)**	['trast]
Singdrossel (f)	**sångtrast (en)**	['sɔŋˌtrast]
Amsel (f)	**koltrast (en)**	['kɔlʲˌtrast]
Segler (m)	**tornseglare, tornsvala (en)**	['tʉːɳˌseglarə], ['tʉːɳˌsvalʲa]
Lerche (f)	**lärka (en)**	['lʲæːrka]
Wachtel (f)	**vaktel (en)**	['vaktəlʲ]
Specht (m)	**hackspett (en)**	['hakˌspet]
Kuckuck (m)	**gök (en)**	['jøːk]
Eule (f)	**uggla (en)**	['uglʲa]

Uhu (m)	berguv (en)	['bɛrjˌʉːv]
Auerhahn (m)	tjäder (en)	['ɕɛːdər]
Birkhahn (m)	orre (en)	['ɔrə]
Rebhuhn (n)	rapphöna (en)	['rapˌhøːna]

Star (m)	stare (en)	['starə]
Kanarienvogel (m)	kanariefågel (en)	[ka'nariəˌfoːgəlʲ]
Haselhuhn (n)	järpe (en)	['jæːrpə]
Buchfink (m)	bofink (en)	['bʉˌfiŋk]
Gimpel (m)	domherre (en)	['dʊmhɛrə]

Möwe (f)	mås (en)	['moːs]
Albatros (m)	albatross (en)	['alʲbaˌtrɔs]
Pinguin (m)	pingvin (en)	[piŋ'vin]

91. Fische. Meerestiere

Brachse (f)	brax (en)	['braks]
Karpfen (m)	karp (en)	['karp]
Barsch (m)	ábborre (en)	['abɔrə]
Wels (m)	mal (en)	['malʲ]
Hecht (m)	gädda (en)	['jɛda]

| Lachs (m) | lax (en) | ['lʲaks] |
| Stör (m) | stör (en) | ['støːr] |

Hering (m)	sill (en)	['silʲ]
atlantische Lachs (m)	atlanterhavslax (en)	[at'lantərhavˌlʲaks]
Makrele (f)	makrill (en)	['makrilʲ]
Scholle (f)	rödspätta (en)	['røːdˌspæta]

Zander (m)	gös (en)	['jøːs]
Dorsch (m)	torsk (en)	['tɔːʂk]
Tunfisch (m)	tonfisk (en)	['tʊnˌfisk]
Forelle (f)	öring (en)	['øːriŋ]

Aal (m)	ål (en)	['oːlʲ]
Zitterrochen (m)	elektrisk rocka (en)	[ɛ'lʲektriskˌrɔka]
Muräne (f)	muräna (en)	[mʉ'rɛna]
Piranha (m)	piraya (en)	[pi'raja]

Hai (m)	haj (en)	['haj]
Delfin (m)	delfin (en)	[dɛlʲ'fin]
Wal (m)	val (en)	['valʲ]

Krabbe (f)	krabba (en)	['kraba]
Meduse (f)	manet, medusa (en)	[ma'net], [me'dʉsa]
Krake (f)	bläckfisk (en)	['blʲɛkˌfisk]
Seestern (m)	sjöstjärna (en)	['ɧøːˌɧæːˌŋa]
Seeigel (m)	sjöpiggsvin (ett)	['ɧøːˌpigsvin]

Seepferdchen (n)	sjöhäst (en)	['ɧøːˌhɛst]
Auster (f)	ostron (ett)	['ʊstrʊn]
Garnele (f)	räka (en)	['rɛːka]
Hummer (m)	hummer (en)	['hʊmər]
Languste (f)	languster (en)	[lʲaŋ'gʊstər]

92. Amphibien Reptilien

| Schlange (f) | orm (en) | ['ʊrm] |
| Gift-, giftig | giftig | ['jiftig] |

Viper (f)	huggorm (en)	['hɵgˌʊrm]
Kobra (f)	kobra (en)	['kɔbra]
Python (m)	pytonorm (en)	[pyˈtonˌʊrm]
Boa (f)	boaorm (en)	['bʊaˌʊrm]

Ringelnatter (f)	snok (en)	['snʊk]
Klapperschlange (f)	skallerorm (en)	['skalʲerˌʊrm]
Anakonda (f)	anaconda (en)	[anaˈkɔnda]

Eidechse (f)	ödla (en)	['ødlʲa]
Leguan (m)	iguana (en)	[iguˈana]
Waran (m)	varan (en)	[vaˈran]
Salamander (m)	salamander (en)	[salʲaˈmandər]
Chamäleon (n)	kameleont (en)	[kamelʲeˈɔnt]
Skorpion (m)	skorpion (en)	[skɔrpiˈʊn]

Schildkröte (f)	sköldpadda (en)	['ɧœlʲdˌpada]
Frosch (m)	groda (en)	['grʊda]
Kröte (f)	padda (en)	['pada]
Krokodil (n)	krokodil (en)	[krɔkɔ'dilʲ]

93. Insekten

Insekt (n)	insekt (en)	['insɛkt]
Schmetterling (m)	fjäril (en)	['fʲæːrilʲ]
Ameise (f)	myra (en)	['myra]
Fliege (f)	fluga (en)	['flɵːga]
Mücke (f)	mygga (en)	['mʏga]
Käfer (m)	skalbagge (en)	['skalʲˌbagə]

Wespe (f)	geting (en)	['jɛtiŋ]
Biene (f)	bi (ett)	['bi]
Hummel (f)	humla (en)	['humlʲa]
Bremse (f)	styngfluga (en)	['stʏŋˌflɵːga]

| Spinne (f) | spindel (en) | ['spindəlʲ] |
| Spinnennetz (n) | spindelnät (ett) | ['spindəlˌnɛːt] |

Libelle (f)	trollslända (en)	['trɔlʲˌslʲɛnda]
Grashüpfer (m)	gräshoppa (en)	['grɛsˌhɔpa]
Schmetterling (m)	nattfjäril (en)	['natˌfjæːrilʲ]

Schabe (f)	kackerlacka (en)	['kakɛːˌlʲaka]
Zecke (f)	fästing (en)	['fɛstiŋ]
Floh (m)	loppa (en)	['lʲɔpa]
Kriebelmücke (f)	knott (ett)	['knot]

Heuschrecke (f)	vandringsgräs-hoppa (en)	['vandriŋˌgrɛs 'hɔparə]
Schnecke (f)	snigel (en)	['snigəlʲ]
Heimchen (n)	syrsa (en)	['sysa]
Leuchtkäfer (m)	lysmask (en)	['lʲysˌmask]
Marienkäfer (m)	nyckelpiga (en)	['nʏkəlʲˌpiga]
Maikäfer (m)	ollonborre (en)	['ɔlʲonˌbɔrə]

Blutegel (m)	igel (en)	['iːgəlʲ]
Raupe (f)	fjärilslarv (en)	['fjæːrilʲsˌlʲarv]
Wurm (m)	daggmask (en)	['dagˌmask]
Larve (f)	larv (en)	['lʲarv]

FLORA

Baum (m)	träd (ett)	['trɛ:d]
Laub-	löv-	['lʲø:v-]
Nadel-	barr-	['bar-]
immergrün	eviggrönt	['ɛviˌgrœnt]
Apfelbaum (m)	äppelträd (ett)	['ɛpelʲˌtrɛd]
Birnbaum (m)	päronträd (ett)	['pæ:rɔnˌtrɛd]
Süßkirschbaum (m)	fågelbärsträd (ett)	['fo:gəlʲbæ:ʂˌtrɛd]
Sauerkirschbaum (m)	körsbärsträd (ett)	['ɕø:ʂbæ:ʂˌtrɛd]
Pflaumenbaum (m)	plommonträd (ett)	['plʲʊmɔnˌtrɛd]
Birke (f)	björk (en)	['bjœrk]
Eiche (f)	ek (en)	['ɛk]
Linde (f)	lind (en)	['lind]
Espe (f)	asp (en)	['asp]
Ahorn (m)	lönn (en)	['lʲøn]
Fichte (f)	gran (en)	['gran]
Kiefer (f)	tall (en)	['talʲ]
Lärche (f)	lärk (en)	['lʲæ:rk]
Tanne (f)	silvergran (en)	['silʲvərˌgran]
Zeder (f)	ceder (en)	['sedər]
Pappel (f)	poppel (en)	['pɔpəlʲ]
Vogelbeerbaum (m)	rönn (en)	['rœn]
Weide (f)	pil (en)	['pilʲ]
Erle (f)	al (en)	['alʲ]
Buche (f)	bok (en)	['bʊk]
Ulme (f)	alm (en)	['alʲm]
Esche (f)	ask (en)	['ask]
Kastanie (f)	kastanjeträd (ett)	[ka'stanjəˌtrɛd]
Magnolie (f)	magnolia (en)	[maŋ'nʊlia]
Palme (f)	palm (en)	['palʲm]
Zypresse (f)	cypress (en)	[sʏ'prɛs]
Mangrovenbaum (m)	mangroveträd (ett)	[maŋ'rɔvəˌtrɛd]
Baobab (m)	apbrödsträd (ett)	['apbrødsˌtrɛd]
Eukalyptus (m)	eukalyptus (en)	[euka'lʲyptʊs]
Mammutbaum (m)	sequoia (en)	[sek'vɔja]

95. Büsche

Strauch (m)	buske (en)	['buskə]
Gebüsch (n)	buske (en)	['buskə]
Weinstock (m)	vinranka (en)	['vin,raŋka]
Weinberg (m)	vingård (en)	['vin,go:d]
Himbeerstrauch (m)	hallonsnår (ett)	['halʲon,sno:r]
schwarze Johannisbeere (f)	svarta vinbär (ett)	['sva:ʈa 'vinbæ:r]
rote Johannisbeere (f)	röd vinbärsbuske (en)	['rø:d 'vinbæ:ʂ,buskə]
Stachelbeerstrauch (m)	krusbärsbuske (en)	['kruː:sbæ:ʂ,buskə]
Akazie (f)	akacia (en)	[a'kasia]
Berberitze (f)	berberis (en)	['bɛrberis]
Jasmin (m)	jasmin (en)	[has'min]
Wacholder (m)	en (en)	['en]
Rosenstrauch (m)	rosenbuske (en)	['ruosən,buskə]
Heckenrose (f)	stenros, hundros (en)	['stenrus], ['hundrus]

96. Obst. Beeren

Frucht (f)	frukt (en)	['frukt]
Früchte (pl)	frukter (pl)	['fruktər]
Apfel (m)	äpple (ett)	['ɛplʲe]
Birne (f)	päron (ett)	['pæ:ron]
Pflaume (f)	plommon (ett)	['plʲumɔn]
Erdbeere (f)	jordgubbe (en)	['juː:d,gubə]
Sauerkirsche (f)	körsbär (ett)	['çœː:ʂ,bæ:r]
Herzkirsche (f)	fågelbär (ett)	['fo:gəlʲ,bæ:r]
Weintrauben (pl)	druva (en)	['druː:va]
Himbeere (f)	hallon (ett)	['halʲon]
schwarze Johannisbeere (f)	svarta vinbär (ett)	['sva:ʈa 'vinbæ:r]
rote Johannisbeere (f)	röda vinbär (ett)	['rø:da 'vinbæ:r]
Stachelbeere (f)	krusbär (ett)	['kruː:s,bæ:r]
Moosbeere (f)	tranbär (ett)	['tran,bæ:r]
Apfelsine (f)	apelsin (en)	[apɛlʲ'sin]
Mandarine (f)	mandarin (en)	[manda'rin]
Ananas (f)	ananas (en)	['ananas]
Banane (f)	banan (en)	['banan]
Dattel (f)	dadel (en)	['dadəlʲ]
Zitrone (f)	citron (en)	[si'trun]
Aprikose (f)	aprikos (en)	[apri'kus]

Pfirsich (m)	persika (en)	['pɛʂika]
Kiwi (f)	kiwi (en)	['kivi]
Grapefruit (f)	grapefrukt (en)	['grɛjpˌfrʉkt]

Beere (f)	bär (ett)	['bæ:r]
Beeren (pl)	bär (pl)	['bæ:r]
Preiselbeere (f)	lingon (ett)	['liŋɔn]
Walderdbeere (f)	skogssmultron (ett)	['skʊgsˌsmulʲtrɔ:n]
Heidelbeere (f)	blåbär (ett)	['blʲo:ˌbæ:r]

97. Blumen. Pflanzen

| Blume (f) | blomma (en) | ['blʲʊma] |
| Blumenstrauß (m) | bukett (en) | [bʉ'kɛt] |

Rose (f)	ros (en)	['rʊs]
Tulpe (f)	tulpan (en)	[tulʲ'pan]
Nelke (f)	nejlika (en)	['nɛjlika]
Gladiole (f)	gladiolus (en)	[glʲadi'ɔlʉ:s]

Kornblume (f)	blåklint (en)	['blʲo:ˌklint]
Glockenblume (f)	blåklocka (en)	['blʲo:ˌklʲɔka]
Löwenzahn (m)	maskros (en)	['maskrʊs]
Kamille (f)	kamomill (en)	[kamɔ'milʲ]

Aloe (f)	aloe (en)	['alʲʊe]
Kaktus (m)	kaktus (en)	['kaktus]
Gummibaum (m)	fikus (en)	['fikus]

Lilie (f)	lilja (en)	['lilja]
Geranie (f)	geranium (en)	[je'ranium]
Hyazinthe (f)	hyacint (en)	[hya'sint]

Mimose (f)	mimosa (en)	[mi'mɔ:sa]
Narzisse (f)	narciss (en)	[nar'sis]
Kapuzinerkresse (f)	blomsterkrasse (en)	['blʲɔmstərˌkrasə]

Orchidee (f)	orkidé (en)	[ɔrki'de:]
Pfingstrose (f)	pion (en)	[pi'ʊn]
Veilchen (n)	viol (en)	[vi'ʊlʲ]

Stiefmütterchen (n)	styvmorsviol (en)	['styvmʊrs vi'ʊlʲ]
Vergissmeinnicht (n)	förgätmigej (en)	[føˌrʲæt mi 'gej]
Gänseblümchen (n)	tusensköna (en)	['tʉːsənˌɧøː:na]

Mohn (m)	vallmo (en)	['valʲmʊ]
Hanf (m)	hampa (en)	['hampa]
Minze (f)	mynta (en)	['mʏnta]
Maiglöckchen (n)	liljekonvalje (en)	['liljə kʊn 'valjə]
Schneeglöckchen (n)	snödropp (en)	['snø:ˌdrop]

Brennnessel (f)	nässla (en)	['nɛslʲa]
Sauerampfer (m)	syra (en)	['syra]
Seerose (f)	näckros (en)	['nɛkrʊs]
Farn (m)	ormbunke (en)	['ʊrm͵buŋkə]
Flechte (f)	lav (en)	['lʲav]

Gewächshaus (n)	drivhus (ett)	['driv͵hʉs]
Rasen (m)	gräsplan, gräsmatta (en)	['grɛs͵plan], ['grɛs͵mata]
Beet (n)	blomsterrabatt (en)	['blʲomstər͵rabat]

Pflanze (f)	växt (en)	['vɛkst]
Gras (n)	gräs (ett)	['grɛ:s]
Grashalm (m)	grässtrå (ett)	['grɛ:s͵stro:]

Blatt (n)	löv (ett)	['lʲø:v]
Kelchblatt (n)	kronblad (ett)	['krɔn͵blʲad]
Stiel (m)	stjälk (en)	['ɧɛlʲk]
Knolle (f)	rotknöl (en)	['rʊt͵knø:lʲ]

| Jungpflanze (f) | ung planta (en) | ['uŋ 'planta] |
| Dorn (m) | törne (ett) | ['tø:ŋə] |

blühen (vi)	att blomma	[at 'blʲuma]
welken (vi)	att vissna	[at 'visna]
Geruch (m)	lukt (en)	['lʉkt]
abschneiden (vt)	att skära av	[at 'ɧæ:ra av]
pflücken (vt)	att plocka	[at 'plʲɔka]

98. Getreide, Körner

Getreide (n)	korn, spannmål (ett)	['kʊ:n], ['span͵mo:lʲ]
Getreidepflanzen (pl)	spannmål (ett)	['span͵mo:lʲ]
Ähre (f)	ax (ett)	['aks]

Weizen (m)	vete (ett)	['vetə]
Roggen (m)	råg (en)	['ro:g]
Hafer (m)	havre (en)	['havrə]

| Hirse (f) | hirs (en) | ['hyʂ] |
| Gerste (f) | korn (ett) | ['kʊ:n] |

Mais (m)	majs (en)	['majs]
Reis (m)	ris (ett)	['ris]
Buchweizen (m)	bovete (ett)	['bʊ͵vetə]

Erbse (f)	ärt (en)	['æ:t]
weiße Bohne (f)	böna (en)	['bøna]
Sojabohne (f)	soja (en)	['sɔja]
Linse (f)	lins (en)	['lins]
Bohnen (pl)	bönor (pl)	['bønʊr]

LÄNDER DER WELT

T&P Books Publishing

Afghanistan	**Afghanistan**	[afˈganiˌstan]
Ägypten	**Egypten**	[eˈjyptən]
Albanien	**Albanien**	[alˈlʲbaniən]
Argentinien	**Argentina**	[argɛnˈtina]
Armenien	**Armenien**	[arˈmeniən]
Aserbaidschan	**Azerbajdzjan**	[asɛrbajˈdʒʲan]
Australien	**Australien**	[auˈstraliən]
Bangladesch	**Bangladesh**	[banglʲaˈdɛʃ]
Belgien	**Belgien**	[ˈbɛlʲgiən]
Bolivien	**Bolivia**	[buˈlivia]
Bosnien und Herzegowina	**Bosnien-Hercegovina**	[ˈbɔsniən hɛrsəgɔˈvina]
Brasilien	**Brasilien**	[braˈsiliən]
Bulgarien	**Bulgarien**	[bʉlʲlʲˈgariən]
Chile	**Chile**	[ˈɕiːlʲe]
China	**Kina**	[ˈɕina]
Dänemark	**Danmark**	[ˈdaŋmark]
Deutschland	**Tyskland**	[ˈtʏsklʲand]
Die Bahamas	**Bahamas**	[baˈhamas]
Die Vereinigten Staaten	**Amerikas Förenta Stater**	[aˈmɛrikas føˈrɛnta ˈstatər]
Dominikanische Republik	**Dominikanska republiken**	[dɔminiˈkanska repuˈblikən]
Ecuador	**Ecuador**	[ɛkvaˈdʊr]
England	**England**	[ˈɛŋlʲand]
Estland	**Estland**	[ˈɛstlʲand]
Finnland	**Finland**	[ˈfinlʲand]
Frankreich	**Frankrike**	[ˈfraŋkrikə]
Französisch-Polynesien	**Franska Polynesien**	[ˈfranska pɔlʲyˈnesiən]
Georgien	**Georgien**	[jeˈɔrgiən]
Ghana	**Ghana**	[ˈgana]
Griechenland	**Grekland**	[ˈgreklʲand]
Großbritannien	**Storbritannien**	[ˈstʊrˌbriˈtaniən]
Haiti	**Haiti**	[haˈiti]
Indien	**Indien**	[ˈindiən]
Indonesien	**Indonesien**	[indʊˈnesiən]
Irak	**Irak**	[iˈrak]
Iran	**Iran**	[iˈran]
Irland	**Irland**	[ˈiɭand]
Island	**Island**	[ˈislʲand]
Israel	**Israel**	[ˈisraəlʲ]
Italien	**Italien**	[iˈtaliən]

100. Länder. Teil 2

Jamaika	**Jamaica**	[jaˈmajka]
Japan	**Japan**	[ˈjapan]
Jordanien	**Jordanien**	[jʊˈdaniən]
Kambodscha	**Kambodja**	[kamˈbɔdja]
Kanada	**Kanada**	[ˈkanada]
Kasachstan	**Kazakstan**	[kaˈsakˌstan]
Kenia	**Kenya**	[ˈkenja]
Kirgisien	**Kirgizistan**	[kirˈgisiˌstan]
Kolumbien	**Colombia**	[kɔˈlʲʊmbia]
Kroatien	**Kroatien**	[krʊˈatiən]
Kuba	**Kuba**	[ˈkʉːba]
Kuwait	**Kuwait**	[kʉˈvajt]
Laos	**Laos**	[ˈlʲaɔs]
Lettland	**Lettland**	[ˈlʲetlʲand]
Libanon (m)	**Libanon**	[ˈlibanɔn]
Libyen	**Libyen**	[ˈlibiən]
Liechtenstein	**Liechtenstein**	[ˈlihtənstajn]
Litauen	**Litauen**	[liˈtauən]
Luxemburg	**Luxemburg**	[ˈlʉksəmˌburj]
Madagaskar	**Madagaskar**	[madaˈgaskar]
Makedonien	**Makedonien**	[makeˈdʊniən]
Malaysia	**Malaysia**	[maˈlʲajsia]
Malta	**Malta**	[ˈmalʲta]
Marokko	**Marocko**	[maˈrɔkʉ]
Mexiko	**Mexiko**	[ˈmɛksikɔ]
Moldawien	**Moldavien**	[mʊlʲˈdaviən]
Monaco	**Monaco**	[ˈmɔnakɔ]
Mongolei (f)	**Mongoliet**	[mʊngʊˈliet]
Montenegro	**Montenegro**	[ˈmɔntəˌnɛgrʊ]
Myanmar	**Myanmar**	[ˈmjanmar]
Namibia	**Namibia**	[naˈmibia]
Nepal	**Nepal**	[neˈpalʲ]
Neuseeland	**Nya Zeeland**	[ˈnya ˈseːlʲand]
Niederlande (f)	**Nederländerna**	[ˈnedɛːˌlʲɛndɛːŋa]
Nordkorea	**Nordkorea**	[ˈnʊːd kʉˈrea]
Norwegen	**Norge**	[ˈnɔrjə]
Österreich	**Österrike**	[ˈœstɛˌrikə]

101. Länder. Teil 3

Pakistan	**Pakistan**	[ˈpakiˌstan]
Palästina	**Palestina**	[palʲeˈstina]
Panama	**Panama**	[ˈpanama]

Paraguay	Paraguay	[parag'waj]
Peru	Peru	[pɛ'rʉ]
Polen	Polen	['pɔlʲen]
Portugal	Portugal	['pɔːtugalʲ]

Republik Südafrika	Republiken Sydafrika	[repu'bliken 'syd͵afrika]
Rumänien	Rumänien	[rʉ'mɛːniən]
Russland	Ryssland	['rʏslʲand]

Sansibar	Zanzibar	['sansibar]
Saudi-Arabien	Saudiarabien	['saudi a'rabiən]
Schottland	Skottland	['skɔtlʲand]
Schweden	Sverige	['svɛrijə]
Schweiz (f)	Schweiz	['ʃvɛjts]
Senegal	Senegal	[sene'galʲ]
Serbien	Serbien	['sɛrbiən]
Slowakei (f)	Slovakien	[slʲo'vakiən]
Slowenien	Slovenien	[slʲo'veniən]
Spanien	Spanien	['spaniən]
Südkorea	Sydkorea	['syd͵kʊ'rea]
Suriname	Surinam	['sʉri͵nam]
Syrien	Syrien	['syriən]

Tadschikistan	Tadzjikistan	[ta'dʒiki͵stan]
Taiwan	Taiwan	[taj'van]
Tansania	Tanzania	[tansa'nija]
Tasmanien	Tasmanien	[tas'maniən]
Thailand	Thailand	['tajlʲand]
Tschechien	Tjeckien	['ɕɛkiən]
Tunesien	Tunisien	[tʉ'nisiən]
Türkei (f)	Turkiet	[turkiet]
Turkmenistan	Turkmenistan	[turk'meni͵stan]

Ukraine (f)	Ukraina	[u'krajna]
Ungarn	Ungern	['uŋɛːŋ]
Uruguay	Uruguay	[ʉrug'waj]
Usbekistan	Uzbekistan	[us'beki͵stan]

Vatikan (m)	Vatikanstaten	[vati'kan͵statən]
Venezuela	Venezuela	[venesu'ɛlʲa]
Vereinigten Arabischen Emirate	Förenade arabrepubliken	[fø'renadə a'rab repub'likən]
Vietnam	Vietnam	['vjɛtnam]
Weißrussland	Vitryssland	['vit͵rʏslʲand]
Zypern	Cypern	['sypɛːŋ]

GASTRONOMISCHES WÖRTERBUCH

Dieser Teil beinhaltet viele
Wörter und Begriffe im
Zusammenhang mit
Lebensmitteln.
Dieses Wörterbuch wird es
einfacher für Sie machen,
um das Menü in einem
Restaurant zu verstehen
und die richtige Speise
zu wählen

T&P Books Publishing

Ähre (f)	ax (ett)	['aks]
Aal (m)	ål (en)	['oːlʲ]
Abendessen (n)	kvällsmat (en)	['kvɛlʲsˌmat]
alkoholfrei	alkoholfri	[alʲkʊ'hɔlʲˌfriː]
alkoholfreies Getränk (n)	alkoholfri dryck (en)	[alʲkʊ'hɔlʲfri 'drʏk]
Ananas (f)	ananas (en)	['ananas]
Anis (m)	anis (en)	['anis]
Aperitif (m)	aperitif (en)	[aperi'tif]
Apfel (m)	äpple (ett)	['ɛplʲe]
Apfelsine (f)	apelsin (en)	[apɛlʲ'sin]
Appetit (m)	aptit (en)	['aptit]
Aprikose (f)	aprikos (en)	[apri'kʊs]
Artischocke (f)	kronärtskocka (en)	['krʊnæːtˌskɔka]
atlantische Lachs (m)	atlanterhavslax (en)	[at'lantərhavˌlʲaks]
Aubergine (f)	aubergine (en)	[ɔbɛr'ʒin]
Auster (f)	ostron (ett)	['ʊstrʊn]
Avocado (f)	avokado (en)	[avɔ'kadʊ]
Banane (f)	banan (en)	['banan]
Bar (f)	bar (en)	['bar]
Barmixer (m)	bartender (en)	['baːˌtɛndər]
Barsch (m)	ábborre (en)	['abɔrə]
Basilikum (n)	basilika (en)	[ba'silika]
Beefsteak (n)	biffstek (en)	['bifˌstɛk]
Beere (f)	bär (ett)	['bæːr]
Beeren (pl)	bär (pl)	['bæːr]
Beigeschmack (m)	bismak (en)	['bismak]
Beilage (f)	tillbehör (ett)	['tilʲbeˌhør]
belegtes Brot (n)	smörgås (en)	['smœrˌgoːs]
Bier (n)	öl (ett)	['øːlʲ]
Birkenpilz (m)	björksopp (en)	['bjœrkˌsɔp]
Birne (f)	päron (ett)	['pæːrɔn]
bitter	bitter	['bitər]
Blumenkohl (m)	blomkål (en)	['blʲʊmˌkoːlʲ]
Bohnen (pl)	bönor (pl)	['bønʊr]
Bonbon (m, n)	konfekt, karamell (en)	[kɔn'fɛkt], [kara'mɛlʲ]
Brühe (f), Bouillon (f)	buljong (en)	[bu'ljɔŋ]
Brachse (f)	brax (en)	['braks]
Brei (m)	gröt (en)	['grøːt]
Brokkoli (m)	broccoli (en)	['brɔkɔli]
Brombeere (f)	björnbär (ett)	['bjøːɳˌbæːr]
Brot (n)	bröd (ett)	['brøːd]
Buchweizen (m)	bovete (ett)	['bʊˌvetə]
Butter (f)	smör (ett)	['smœːr]
Buttercreme (f)	kräm (en)	['krɛm]

Cappuccino (m)	cappuccino (en)	['kaputʃinʊ]
Champagner (m)	champagne (en)	[ʃam'panʲ]
Cocktail (m)	cocktail (en)	['kɔktɛjlʲ]
Dattel (f)	dadel (en)	['dadəlʲ]
Diät (f)	diet (en)	[di'et]
Dill (m)	dill (en)	['dilʲ]
Dorsch (m)	torsk (en)	['tɔːʂk]
Dosenöffner (m)	burköppnare (en)	['bʉrkˌøpnarə]
Dunkelbier (n)	mörkt öl (ett)	['mœːrkt ˌøːlʲ]
Ei (n)	ägg (ett)	['ɛg]
Eier (pl)	ägg (pl)	['ɛg]
Eigelb (n)	äggula (en)	['ɛgˌʉːlʲa]
Eis (n)	is (en)	['is]
Eis (n)	glass (en)	['glʲas]
Eiweiß (n)	äggvita (en)	['ɛgˌviːta]
Ente (f)	anka (en)	['aŋka]
Erbse (f)	ärter (pl)	['æːtər]
Erdbeere (f)	jordgubbe (en)	['jʉːdˌgubə]
Erdnuss (f)	jordnöt (en)	['jʉːdˌnøːt]
Erfrischungsgetränk (n)	läskedryck (en)	['lɛskeˌdrik]
essbarer Pilz (m)	matsvamp (en)	['matˌsvamp]
Essen (n)	mat (en)	['mat]
Essig (m)	ättika (en)	['ætika]
Esslöffel (m)	matsked (en)	['matˌʃed]
Füllung (f)	fyllning (en)	['fylʲnin]
Feige (f)	fikon (ett)	['fikɔn]
Fett (n)	fett (ett)	['fɛt]
Fisch (m)	fisk (en)	['fisk]
Flaschenöffner (m)	flasköppnare (en)	['flʲaskˌøpnarə]
Fleisch (n)	kött (ett)	['ɕœt]
Fliegenpilz (m)	flugsvamp (en)	['flʉːgˌsvamp]
Forelle (f)	öring (en)	['øːrin]
Früchte (pl)	frukter (pl)	['fruktər]
Frühstück (n)	frukost (en)	['frʉːkɔst]
frisch gepresster Saft (m)	nypressad juice (en)	['nyˌprɛsad 'juːs]
Frucht (f)	frukt (en)	['frʉkt]
Gabel (f)	gaffel (en)	['gafəlʲ]
Gans (f)	gås (en)	['goːs]
Garnele (f)	räka (en)	['rɛːka]
gebraten	stekt	['stɛkt]
gekocht	kokt	['kʊkt]
Gemüse (n)	grönsaker (pl)	['grøːnˌsakər]
geräuchert	rökt	['rœkt]
Gericht (n)	rätt (en)	['ræt]
Gerste (f)	korn (ett)	['kuːn]
Geschmack (m)	smak (en)	['smak]
Getreide (n)	korn, spannmål (ett)	['kuːn], ['spanˌmoːlʲ]
Getreidepflanzen (pl)	spannmål (ett)	['spanˌmoːlʲ]
getrocknet	torkad	['tɔrkad]
Gewürz (n)	krydda (en)	['krʏda]
Giftpilz (m)	giftig svamp (en)	['jiftig ˌsvamp]
Gin (m)	gin (ett)	['dʒin]

Grüner Knollenblätterpilz (m)	lömsk flugsvamp (en)	['lʲømsk 'flʉːɡˌsvamp]
grüner Tee (m)	grönt te (ett)	['ɡrœnt teː]
grünes Gemüse (pl)	grönsaker (pl)	['ɡrøːnˌsakər]
Grütze (f)	gryn (en)	['ɡryn]
Granatapfel (m)	granatäpple (en)	[ɡraˈnatˌɛplʲe]
Grapefruit (f)	grapefrukt (en)	['ɡrɛjpˌfrʊkt]
Gurke (f)	gurka (en)	['ɡurka]
Guten Appetit!	Smaklig måltid!	['smaklig 'moːlʲtid]
Hühnerfleisch (n)	höna (en)	['høːna]
Hackfleisch (n)	köttfärs (en)	['ɕœtˌfæːʂ]
Hafer (m)	havre (en)	['havrə]
Haferflocken (pl)	cornflakes (pl)	['koːɳˌflɛjks]
Hai (m)	haj (en)	['haj]
Hamburger (m)	hamburgare (en)	['hamburgarə]
Hammelfleisch (n)	lammkött (ett)	['lʲamˌɕœt]
Haselnuss (f)	hasselnöt (en)	['haselʲˌnøːt]
Hecht (m)	gädda (en)	['jɛda]
heiß	het, varm	['het], ['varm]
Heidelbeere (f)	blåbär (ett)	['blʲoːˌbæːr]
Heilbutt (m)	hälleflundra (en)	['hɛlʲeˌflʉndra]
Helles (n)	ljust öl (ett)	['jʉːstˌøːlʲ]
Hering (m)	sill (en)	['silʲ]
Herzkirsche (f)	fågelbär (ett)	['foːɡəlʲˌbæːr]
Himbeere (f)	hallon (ett)	['halʲɔn]
Hirse (f)	hirs (en)	['hyʂ]
Honig (m)	honung (en)	['hɔnuŋ]
Ingwer (m)	ingefära (en)	['iŋəˌfæːra]
Joghurt (m, f)	yoghurt (en)	['joːɡʉːt]
Käse (m)	ost (en)	['ʊst]
Küche (f)	kök (ett)	['ɕøːk]
Kümmel (m)	kummin (en)	['kumin]
Kürbis (m)	pumpa (en)	['pumpa]
Kaffee (m)	kaffe (ett)	['kafə]
Kalbfleisch (n)	kalvkött (en)	['kalʲvˌɕœt]
Kalmar (m)	bläckfisk (en)	['blʲɛkˌfisk]
Kalorie (f)	kalori (en)	[kalʲɔˈriː]
kalt	kall	['kalʲ]
Kaninchenfleisch (n)	kanin (en)	[kaˈnin]
Karotte (f)	morot (en)	['mʉˌrʊt]
Karpfen (m)	karp (en)	['karp]
Kartoffel (f)	potatis (en)	[pʊˈtatis]
Kartoffelpüree (n)	potatismos (ett)	[pʊˈtatisˌmʊs]
Kaugummi (m, n)	tuggummi (ett)	['tugˌgumi]
Kaviar (m)	kaviar (en)	['kavˌjar]
Keks (m, n)	småkakor (pl)	['smoːkakʊr]
Kellner (m)	servitör (en)	[sɛrviˈtøːr]
Kellnerin (f)	servitris (en)	[sɛrviˈtris]
Kiwi, Kiwifrucht (f)	kiwi (en)	['kivi]
Knoblauch (m)	vitlök (en)	['vitˌlʲøːk]
Kognak (m)	konjak (en)	['kɔnʲak]
Kohl (m)	kål (en)	['koːlʲ]

Kohlenhydrat (n)	kolhydrater (pl)	['kɔlʲhʏˌdratər]
Kokosnuss (f)	kokosnöt (en)	['kʊkʊsˌnøːt]
Kondensmilch (f)	kondenserad mjölk (en)	[kɔndɛn'serad ˌmjœlʲk]
Konditorwaren (pl)	konditorivaror (pl)	[kɔnditʊ'riːˌvarʊr]
Konfitüre (f)	sylt (en)	['sylʲt]
Konserven (pl)	konserv (en)	[kɔn'sɛrv]
Kopf Salat (m)	sallad (en)	['salʲad]
Koriander (m)	koriander (en)	[kɔri'andər]
Korkenzieher (m)	korkskruv (en)	['kɔrkˌskrʉːv]
Krümel (m)	smula (en)	['smʉlʲa]
Krabbe (f)	krabba (en)	['kraba]
Krebstiere (pl)	kräftdjur (pl)	['krɛftˌjuːr]
Kuchen (m)	paj (en)	['paj]
Löffel (m)	sked (en)	['ɧed]
Lachs (m)	lax (en)	['lʲaks]
Languste (f)	languster (en)	[lʲaŋ'gustər]
Leber (f)	lever (en)	['lʲevər]
lecker	läcker	['lʲɛkər]
Likör (m)	likör (en)	[li'køːr]
Limonade (f)	lemonad (en)	[lʲemɔ'nad]
Linse (f)	lins (en)	['lins]
Lorbeerblatt (n)	lagerblad (ett)	['lʲagərˌblʲad]
Mais (m)	majs (en)	['majs]
Mais (m)	majs (en)	['majs]
Makrele (f)	makrill (en)	['makrilʲ]
Mandarine (f)	mandarin (en)	[manda'rin]
Mandel (f)	mandel (en)	['mandəlʲ]
Mango (f)	mango (en)	['maŋgʊ]
Margarine (f)	margarin (ett)	[marga'rin]
mariniert	sylt-	['sylʲt-]
Marmelade (f)	sylt, marmelad (en)	['sylʲt], [marme'lʲad]
Marmelade (f)	marmelad (en)	[marme'lʲad]
Mayonnaise (f)	majonnäs (en)	[majɔ'nɛs]
Meeresfrüchte (pl)	fisk och skaldjur	['fisk ɔ 'skalʲˌjʉːr]
Meerrettich (m)	pepparrot (en)	['pɛpaˌrʊt]
Mehl (n)	mjöl (ett)	['mjøːlʲ]
Melone (f)	melon (en)	[me'lʲʊn]
Messer (n)	kniv (en)	['kniv]
Milch (f)	mjölk (en)	['mjœlʲk]
Milchcocktail (m)	milkshake (en)	['milʲkˌʃɛjk]
Milchkaffee (m)	kaffe med mjölk (ett)	['kafə me mjœlʲk]
Mineralwasser (n)	mineralvatten (ett)	[mine'ralʲˌvatən]
mit Eis	med is	[me 'is]
mit Gas	kolsyrat	['kɔlʲˌsyrat]
mit Kohlensäure	kolsyrat	['kɔlʲˌsyrat]
Mittagessen (n)	lunch (en)	['lʉnɕ]
Moosbeere (f)	tranbär (ett)	['tranˌbæːr]
Morchel (f)	murkla (en)	['mʉːrklʲa]
Nachtisch (m)	dessert (en)	[dɛ'sɛːr]
Nelke (f)	nejlika (en)	['nɛjlika]
Nudeln (pl)	nudlar (pl)	['nʉːdlʲar]
Oliven (pl)	oliver (pl)	[ʊ'livər]

Olivenöl (n)	olivolja (en)	[ʊˈlivˌɔlja]
Omelett (n)	omelett (en)	[ɔməˈlʲet]
Orangensaft (m)	apelsinjuice (en)	[apɛlʲˈsinˌjuːs]
Papaya (f)	papaya (en)	[paˈpaja]
Paprika (m)	peppar (en)	[ˈpɛpar]
Paprika (m)	paprika (en)	[ˈpaprika]
Pastete (f)	paté (en)	[paˈte]
Petersilie (f)	persilja (en)	[pɛˈṣilja]
Pfefferling (m)	kantarell (en)	[kantaˈrɛlʲ]
Pfirsich (m)	persika (en)	[ˈpɛṣika]
Pflanzenöl (n)	vegetabilisk olja (en)	[vegetaˈbilisk ˈɔlja]
Pflaume (f)	plommon (ett)	[ˈplʲʊmɔn]
Pilz (m)	svamp (en)	[ˈsvamp]
Pistazien (pl)	pistaschnötter (pl)	[ˈpistaʃˌnœtər]
Pizza (f)	pizza (en)	[ˈpitsa]
Portion (f)	portion (en)	[pɔːˈtʲʊn]
Preiselbeere (f)	lingon (ett)	[ˈliŋɔn]
Protein (n)	proteiner (pl)	[prɔteˈiːnər]
Pudding (m)	pudding (en)	[ˈpudiŋ]
Pulverkaffee (m)	snabbkaffe (ett)	[ˈsnabˌkafə]
Pute (f)	kalkon (en)	[kalʲˈkʊn]
Räucherschinken (m)	skinka (en)	[ˈʃiŋka]
Rübe (f)	rova (en)	[ˈrʊva]
Radieschen (n)	rädisa (en)	[ˈrɛːdisa]
Rechnung (f)	nota (en)	[ˈnʊta]
Reis (m)	ris (ett)	[ˈris]
Rezept (n)	recept (ett)	[reˈsɛpt]
Rindfleisch (n)	oxkött, nötkött (ett)	[ˈʊksˌɕœt], [ˈnøːtˌɕœt]
Roggen (m)	råg (en)	[ˈroːg]
Rosenkohl (m)	brysselkål (en)	[ˈbrʏsɛlʲˌkoːlʲ]
Rosinen (pl)	russin (ett)	[ˈrusin]
rote Johannisbeere (f)	röda vinbär (ett)	[ˈrøːda ˈvinbæːr]
roter Pfeffer (m)	rödpeppar (en)	[ˈrøːdˌpɛpar]
Rotkappe (f)	aspsopp (en)	[ˈaspˌsɔp]
Rotwein (m)	rödvin (ett)	[ˈrøːdˌvin]
Rum (m)	rom (en)	[ˈrɔm]
süß	söt	[ˈsøːt]
Safran (m)	saffran (en)	[ˈsafran]
Saft (m)	juice (en)	[ˈjuːs]
Sahne (f)	grädde (en)	[ˈgrɛdə]
Salat (m)	sallad (en)	[ˈsalʲad]
Salz (n)	salt (ett)	[ˈsalʲt]
salzig	salt	[ˈsalʲt]
Sardine (f)	sardin (en)	[saˈdiːn]
Sauerkirsche (f)	körsbär (ett)	[ˈɕøːṣˌbæːr]
saure Sahne (f)	gräddfil, syrad grädden (en)	[ˈgrɛdfilʲ], [syrad ˈgredən]
Schale (f)	skal (ett)	[ˈskalʲ]
Scheibchen (n)	skiva (en)	[ˈʃiva]
Schinken (m)	skinka (en)	[ˈʃiŋka]
Schinkenspeck (m)	bacon (ett)	[ˈbɛjkɔn]
Schokolade (f)	choklad (en)	[ʃɔkˈlʲad]

Schokoladen-Scholle (f)	choklad-rödspätta (en)	[ʃɔk'lʲad-] ['røːdˌspæta]
schwarze Johannisbeere (f)	svarta vinbär (ett)	['svaːʈa 'vinbæːr]
schwarzer Kaffee (m)	svart kaffe (ett)	['svaːʈ 'kafə]
schwarzer Pfeffer (m)	svartpeppar (en)	['svaːʈˌpɛpar]
schwarzer Tee (m)	svart te (ett)	['svaːʈ ˌteː]
Schweinefleisch (n)	fläsk (ett)	['flʲɛsk]
Sellerie (m)	selleri (en)	['sɛlʲeri]
Senf (m)	senap (en)	['seːnap]
Sesam (m)	sesam (en)	['sesam]
Soße (f)	sås (en)	['soːs]
Sojabohne (f)	soja (en)	['sɔja]
Sonnenblumenöl (n)	solrosolja (en)	['sʊlʲrʊsˌɔlja]
Spaghetti (pl)	spagetti	[spa'gɛti]
Spargel (m)	sparris (en)	['sparis]
Speisekarte (f)	meny (en)	[me'ny]
Spiegelei (n)	stekt ägg (en)	['stɛkt ˌɛg]
Spinat (m)	spenat (en)	[spe'nat]
Spirituosen (pl)	alkoholhaltiga drycker (pl)	[alʲkʊ'hɔlʲˌhalʲtiga 'drʏkər]
Störfleisch (n)	stör (en)	['støːr]
Stück (n)	bit (en)	['bit]
Stachelbeere (f)	krusbär (ett)	['krʉːsˌbæːr]
Steinpilz (m)	stensopp (en)	['stenˌsɔp]
still	icke kolsyrat	['ike 'kɔlʲˌsyrat]
Suppe (f)	soppa (en)	['sɔpa]
Täubling (m)	kremla (en)	['krɛmlʲa]
Törtchen (n)	kaka, bakelse (en)	['kaka], ['bakəlʲsə]
Tasse (f)	kopp (en)	['kɔp]
Tee (m)	te (ett)	['teː]
Teelöffel (m)	tesked (en)	['teˌʃed]
Teigwaren (pl)	pasta (en), makaroner (pl)	['pasta], [maka'rʊnər]
Teller (m)	tallrik (en)	['talʲrik]
tiefgekühlt	fryst	['frʏst]
Tomate (f)	tomat (en)	[tʊ'mat]
Tomatensaft (m)	tomatjuice (en)	[tʊ'matˌjuːs]
Torte (f)	tårta (en)	['toːʈa]
Trinkgeld (n)	dricks (en)	['driks]
Trinkwasser (n)	dricksvatten (ett)	['driksˌvatən]
Tunfisch (m)	tonfisk (en)	['tʊnˌfisk]
Untertasse (f)	tefat (ett)	['teˌfat]
Vegetarier (m)	vegetarian (en)	[vegetiri'an]
vegetarisch	vegetarisk	[vege'tarisk]
Vitamin (n)	vitamin (ett)	[vita'min]
Vorspeise (f)	förrätt (en)	['fœːræt]
Würstchen (n)	wienerkorv (en)	['viŋɛrˌkɔrv]
Würze (f)	krydda (en)	['krʏda]
Waffeln (pl)	våffle (en)	['vɔflʲe]
Walderdbeere (f)	skogssmultron (ett)	['skʊgsˌsmulʲtrɔːn]
Walnuss (f)	valnöt (en)	['valʲˌnøːt]

Wasser (n)	vatten (ett)	['vatən]
Wasserglas (n)	glas (ett)	['glʲas]
Wassermelone (f)	vattenmelon (en)	['vatən‚me'lʲʊn]
weiße Bohne (f)	böna (en)	['bøna]
Weißwein (m)	vitvin (ett)	['vit‚vin]
Wein (m)	vin (ett)	['vin]
Weinglas (n)	vinglas (ett)	['vin‚glʲas]
Weinkarte (f)	vinlista (en)	['vin‚lista]
Weintrauben (pl)	druva (en)	['drʉːva]
Weizen (m)	vete (ett)	['vetə]
Wels (m)	mal (en)	['malʲ]
Wermut (m)	vermouth (en)	['vɛrmut]
Whisky (m)	whisky (en)	['viski]
Wild (n)	vilt (ett)	['vilʲt]
Wodka (m)	vodka (en)	['vodka]
Wurst (f)	korv (en)	['kɔrv]
Zahnstocher (m)	tandpetare (en)	['tand‚petarə]
Zander (m)	gös (en)	['jøːs]
Zimt (m)	kanel (en)	[ka'nelʲ]
Zitrone (f)	citron (en)	[si'trʊn]
Zucchini (f)	squash, zucchini (en)	['skvɔːɕ], [su'kini]
Zucker (m)	socker (ett)	['sɔkər]
Zuckerrübe (f)	rödbeta (en)	['røːd‚beta]
Zunge (f)	tunga (en)	['tuŋa]
Zwiebel (f)	lök (en)	['lʲøːk]

ábborre (en)	['abɔrə]	Barsch (m)
ägg (ett)	['ɛg]	Ei (n)
ägg (pl)	['ɛg]	Eier (pl)
äggula (en)	['ɛg‚ʉːlʲa]	Eigelb (n)
äggvita (en)	['ɛg‚viːta]	Eiweiß (n)
äpple (ett)	['ɛplʲe]	Apfel (m)
ärter (pl)	['æːʈər]	Erbse (f)
ättika (en)	['ætika]	Essig (m)
ål (en)	['oːlʲ]	Aal (m)
öl (ett)	['øːlʲ]	Bier (n)
öring (en)	['øːriŋ]	Forelle (f)
alkoholfri	[alʲkʊ'holʲ‚friː]	alkoholfrei
alkoholfri dryck (en)	[alʲkʊ'holʲfri 'drʏk]	alkoholfreies Getränk (n)
alkoholhaltiga drycker (pl)	[alʲkʊ'holʲ‚halʲtiga 'drʏkər]	Spirituosen (pl)
ananas (en)	['ananas]	Ananas (f)
anis (en)	['anis]	Anis (m)
anka (en)	['aŋka]	Ente (f)
apelsin (en)	[apɛlʲ'sin]	Apfelsine (f)
apelsinjuice (en)	[apɛlʲ'sin‚juːs]	Orangensaft (m)
aperitif (en)	[aperi'tif]	Aperitif (m)
aprikos (en)	[apri'kʊs]	Aprikose (f)
aptit (en)	['aptit]	Appetit (m)
aspsopp (en)	['asp‚sɔp]	Rotkappe (f)
atlanterhavslax (en)	[at'lanterhav‚lʲaks]	atlantische Lachs (m)
aubergine (en)	[ɔbɛr'ʒin]	Aubergine (f)
avokado (en)	[avʊ'kadʊ]	Avocado (f)
ax (ett)	['aks]	Ähre (f)
bär (ett)	['bæːr]	Beere (f)
bär (pl)	['bæːr]	Beeren (pl)
böna (en)	['bøna]	weiße Bohne (f)
bönor (pl)	['bønʊr]	Bohnen (pl)
bacon (ett)	['bɛjkɔn]	Schinkenspeck (m)
banan (en)	['banan]	Banane (f)
bar (en)	['bar]	Bar (f)
bartender (en)	['baː‚ʈɛndər]	Barmixer (m)
basilika (en)	[ba'silika]	Basilikum (n)
biffstek (en)	['bif‚stɛk]	Beefsteak (n)
bismak (en)	['bismak]	Beigeschmack (m)
bit (en)	['bit]	Stück (n)
bitter	['bitər]	bitter
björksopp (en)	['bjœrk‚sɔp]	Birkenpilz (m)
björnbär (ett)	['bjøːɳ‚bæːr]	Brombeere (f)
bläckfisk (en)	['blʲɛk‚fisk]	Kalmar (m)

blåbär (ett)	['blʲoːˌbæːr]	Heidelbeere (f)
blomkål (en)	['blʲʊmˌkoːlʲ]	Blumenkohl (m)
bovete (ett)	['bʊˌvetə]	Buchweizen (m)
bröd (ett)	['brøːd]	Brot (n)
brax (en)	['braks]	Brachse (f)
broccoli (en)	['brɔkɔli]	Brokkoli (m)
brysselkål (en)	['brysɛlʲˌkoːlʲ]	Rosenkohl (m)
buljong (en)	[bu'ljɔŋ]	Brühe (f), Bouillon (f)
burköppnare (en)	['burkˌøpnarə]	Dosenöffner (m)
cappuccino (en)	['kaputʃinʊ]	Cappuccino (m)
champagne (en)	[ɧam'panʲ]	Champagner (m)
choklad (en)	[ʃɔk'lʲad]	Schokolade (f)
choklad-	[ʃɔk'lʲad-]	Schokoladen-
citron (en)	[si'trʊn]	Zitrone (f)
cocktail (en)	['kɔktɛjlʲ]	Cocktail (m)
cornflakes (pl)	['koːɳˌflɛjks]	Haferflocken (pl)
dadel (en)	['dadəlʲ]	Dattel (f)
dessert (en)	[dɛ'sɛːr]	Nachtisch (m)
diet (en)	[di'et]	Diät (f)
dill (en)	['dilʲ]	Dill (m)
dricks (en)	['driks]	Trinkgeld (n)
dricksvatten (ett)	['driksˌvatən]	Trinkwasser (n)
druva (en)	['drʉːva]	Weintrauben (pl)
fågelbär (ett)	['foːgəlʲˌbæːr]	Herzkirsche (f)
förrätt (en)	['fœːræt]	Vorspeise (f)
fett (ett)	['fɛt]	Fett (n)
fikon (ett)	['fikɔn]	Feige (f)
fisk (en)	['fisk]	Fisch (m)
fisk och skaldjur	['fisk ɔ 'skalʲˌjʉːr]	Meeresfrüchte (pl)
fläsk (ett)	['flʲɛsk]	Schweinefleisch (n)
flasköppnare (en)	['flʲaskˌøpnarə]	Flaschenöffner (m)
flugsvamp (en)	['flʉːgˌsvamp]	Fliegenpilz (m)
frukost (en)	['frʉːkɔst]	Frühstück (n)
frukt (en)	['frʉkt]	Frucht (f)
frukter (pl)	['frʉktər]	Früchte (pl)
fryst	['frʏst]	tiefgekühlt
fyllning (en)	['fʏlʲniŋ]	Füllung (f)
gädda (en)	['jɛda]	Hecht (m)
gås (en)	['goːs]	Gans (f)
gös (en)	['jøːs]	Zander (m)
gaffel (en)	['gafəlʲ]	Gabel (f)
giftig svamp (en)	['jiftig ˌsvamp]	Giftpilz (m)
gin (ett)	['dʒin]	Gin (m)
glas (ett)	['glʲas]	Wasserglas (n)
glass (en)	['glʲas]	Eis (n)
grädde (en)	['grɛdə]	Sahne (f)
gräddfil, syrad grädden (en)	['grɛdfilʲ], [syrad 'gredən]	saure Sahne (f)
grönsaker (pl)	['grøːnˌsakər]	Gemüse (n)
grönsaker (pl)	['grøːnˌsakər]	grünes Gemüse (pl)
grönt te (ett)	['grœnt teː]	grüner Tee (m)
gröt (en)	['grøːt]	Brei (m)

granatäpple (en)	[gra'nat‚ɛplʲe]	Granatapfel (m)
grapefrukt (en)	['grɛjp‚frʉkt]	Grapefruit (f)
gryn (en)	['gryn]	Grütze (f)
gurka (en)	['gurka]	Gurke (f)
hälleflundra (en)	['hɛlʲe‚flʉndra]	Heilbutt (m)
höna (en)	['hø:na]	Hühnerfleisch (n)
haj (en)	['haj]	Hai (m)
hallon (ett)	['halʲɔn]	Himbeere (f)
hamburgare (en)	['hamburgarə]	Hamburger (m)
hasselnöt (en)	['hasəlʲ‚nø:t]	Haselnuss (f)
havre (en)	['havrə]	Hafer (m)
het, varm	['het], ['varm]	heiß
hirs (en)	['hyʂ]	Hirse (f)
honung (en)	['hɔnuŋ]	Honig (m)
icke kolsyrat	['ikə 'kɔlʲ‚syrat]	still
ingefära (en)	['iŋə‚fæ:ra]	Ingwer (m)
is (en)	['is]	Eis (n)
jordgubbe (en)	['jʉ:d‚gubə]	Erdbeere (f)
jordnöt (en)	['jʉ:d‚nø:t]	Erdnuss (f)
juice (en)	['jʉ:s]	Saft (m)
kål (en)	['ko:lʲ]	Kohl (m)
kök (ett)	['ɕø:k]	Küche (f)
körsbär (ett)	['ɕø:ʂ‚bæ:r]	Sauerkirsche (f)
kött (ett)	['ɕœt]	Fleisch (n)
köttfärs (en)	['ɕœt‚fæ:ʂ]	Hackfleisch (n)
kaffe (ett)	['kafə]	Kaffee (m)
kaffe med mjölk (ett)	['kafə me mjœlʲk]	Milchkaffee (m)
kaka, bakelse (en)	['kaka], ['bakəlʲsə]	Törtchen (n)
kalkon (en)	[kalʲ'kʊn]	Pute (f)
kall	['kalʲ]	kalt
kalori (en)	[kalʲɔ'ri:]	Kalorie (f)
kalvkött (en)	['kalʲv‚ɕœt]	Kalbfleisch (n)
kanel (en)	[ka'nelʲ]	Zimt (m)
kanin (en)	[ka'nin]	Kaninchenfleisch (n)
kantarell (en)	[kanta'rɛlʲ]	Pfefferling (m)
karp (en)	['karp]	Karpfen (m)
kaviar (en)	['kav‚jar]	Kaviar (m)
kiwi (en)	['kivi]	Kiwi, Kiwifrucht (f)
kniv (en)	['kniv]	Messer (n)
kokosnöt (en)	['kʊkʊs‚nø:t]	Kokosnuss (f)
kokt	['kʊkt]	gekocht
kolhydrater (pl)	['kɔlʲhʉ‚dratər]	Kohlenhydrat (n)
kolsyrat	['kɔlʲ‚syrat]	mit Kohlensäure
kolsyrat	['kɔlʲ‚syrat]	mit Gas
kondenserad mjölk (en)	[kɔndɛn'serad ‚mjœlʲk]	Kondensmilch (f)
konditorivaror (pl)	[kɔnditʉ'ri:‚varʊr]	Konditorwaren (pl)
konfekt, karamell (en)	[kɔn'fɛkt], [kara'mɛlʲ]	Bonbon (m, n)
konjak (en)	['kɔnʲak]	Kognak (m)
konserv (en)	[kɔn'sɛrv]	Konserven (pl)
kopp (en)	['kɔp]	Tasse (f)
koriander (en)	[kɔri'andər]	Koriander (m)
korkskruv (en)	['kɔrk‚skrʉ:v]	Korkenzieher (m)

korn (ett)	['kʊ:n]	Gerste (f)
korn, spannmål (ett)	['kʊ:n], ['span‚moːlʲ]	Getreide (n)
korv (en)	['kɔrv]	Wurst (f)
kräftdjur (pl)	['krɛftˌjuːr]	Krebstiere (pl)
kräm (en)	['krɛm]	Buttercreme (f)
krabba (en)	['kraba]	Krabbe (f)
kremla (en)	['krɛmlʲa]	Täubling (m)
kronärtskocka (en)	['krʊnæːtˌskɔka]	Artischocke (f)
krusbär (ett)	['krʉːsˌbæːr]	Stachelbeere (f)
krydda (en)	['krʏda]	Gewürz (n)
krydda (en)	['krʏda]	Würze (f)
kummin (en)	['kumin]	Kümmel (m)
kvällsmat (en)	['kvɛlʲsˌmat]	Abendessen (n)
läcker	['lʲɛkər]	lecker
läskedryck (en)	['lɛskeˌdrik]	Erfrischungsgetränk (n)
lök (en)	['lʲøːk]	Zwiebel (f)
lömsk flugsvamp (en)	['lʲømsk 'flʉːgˌsvamp]	Grüner Knollenblätterpilz (m)
lagerblad (ett)	['lʲagərˌblʲad]	Lorbeerblatt (n)
lammkött (ett)	['lʲamˌɕœt]	Hammelfleisch (n)
languster (en)	[lʲaŋ'gustər]	Languste (f)
lax (en)	['lʲaks]	Lachs (m)
lemonad (en)	[lʲemɔ'nad]	Limonade (f)
lever (en)	['lʲevər]	Leber (f)
likör (en)	[li'køːr]	Likör (m)
lingon (ett)	['liŋɔn]	Preiselbeere (f)
lins (en)	['lins]	Linse (f)
ljust öl (ett)	['jʉːstˌøːlʲ]	Helles (n)
lunch (en)	['lʲʉnɕ]	Mittagessen (n)
mörkt öl (ett)	['mœːrktˌøːlʲ]	Dunkelbier (n)
majonnäs (en)	[majɔ'nɛs]	Mayonnaise (f)
majs (en)	['majs]	Mais (m)
majs (en)	['majs]	Mais (m)
makrill (en)	['makrilʲ]	Makrele (f)
mal (en)	['malʲ]	Wels (m)
mandarin (en)	[manda'rin]	Mandarine (f)
mandel (en)	['mandəlʲ]	Mandel (f)
mango (en)	['maŋgʊ]	Mango (f)
margarin (ett)	[marga'rin]	Margarine (f)
marmelad (en)	[marme'lʲad]	Marmelade (f)
mat (en)	['mat]	Essen (n)
matsked (en)	['matˌɧed]	Esslöffel (m)
matsvamp (en)	['matˌsvamp]	essbarer Pilz (m)
med is	[me 'is]	mit Eis
melon (en)	[me'lʲʊn]	Melone (f)
meny (en)	[me'ny]	Speisekarte (f)
milkshake (en)	['milʲkˌʃɛjk]	Milchcocktail (m)
mineralvatten (ett)	[mine'ralʲˌvatən]	Mineralwasser (n)
mjöl (ett)	['mjøːlʲ]	Mehl (n)
mjölk (en)	['mjœlʲk]	Milch (f)
morot (en)	['mʊˌrʊt]	Karotte (f)
murkla (en)	['mʉːrklʲa]	Morchel (f)

nejlika (en)	['nɛjlika]	Nelke (f)
nota (en)	['nʊta]	Rechnung (f)
nudlar (pl)	['nuːdlʲar]	Nudeln (pl)
nypressad juice (en)	['nyˌprɛsad 'juːs]	frisch gepresster Saft (m)
oliver (pl)	[ʊˈlivər]	Oliven (pl)
olivolja (en)	[ʊˈlivˌɔlja]	Olivenöl (n)
omelett (en)	[ɔməˈlʲet]	Omelett (n)
ost (en)	['ʊst]	Käse (m)
ostron (ett)	['ʊstrʊn]	Auster (f)
oxkött, nötkött (ett)	['ʊksˌɕœt], ['nøːtˌɕœt]	Rindfleisch (n)
päron (ett)	['pæːrɔn]	Birne (f)
paj (en)	['paj]	Kuchen (m)
papaya (en)	[paˈpaja]	Papaya (f)
paprika (en)	['paprika]	Paprika (m)
pasta (en), makaroner (pl)	['pasta], [makaˈrʊnər]	Teigwaren (pl)
paté (en)	[paˈte]	Pastete (f)
peppar (en)	['pɛpar]	Paprika (m)
pepparrot (en)	['pɛpaˌrʊt]	Meerrettich (m)
persika (en)	['pɛʂika]	Pfirsich (m)
persilja (en)	[pɛˈsʲilja]	Petersilie (f)
pistaschnötter (pl)	['pistaʃˌnœtər]	Pistazien (pl)
pizza (en)	['pitsa]	Pizza (f)
plommon (ett)	['plʲʊmɔn]	Pflaume (f)
portion (en)	[pɔːˈʈʂʊn]	Portion (f)
potatis (en)	[pʊˈtatis]	Kartoffel (f)
potatismos (ett)	[pʊˈtatisˌmʊs]	Kartoffelpüree (n)
proteiner (pl)	[prʊteˈiːnər]	Protein (n)
pudding (en)	['pudiŋ]	Pudding (m)
pumpa (en)	['pumpa]	Kürbis (m)
rädisa (en)	['rɛːdisa]	Radieschen (n)
räka (en)	['rɛːka]	Garnele (f)
rätt (en)	['ræt]	Gericht (n)
råg (en)	['roːg]	Roggen (m)
röda vinbär (ett)	['røːda 'vinbæːr]	rote Johannisbeere (f)
rödbeta (en)	['røːdˌbeta]	Zuckerrübe (f)
rödpeppar (en)	['røːdˌpɛpar]	roter Pfeffer (m)
rödspätta (en)	['røːdˌspæta]	Scholle (f)
rödvin (ett)	['røːdˌvin]	Rotwein (m)
rökt	['rœkt]	geräuchert
recept (ett)	[reˈsɛpt]	Rezept (n)
ris (ett)	['ris]	Reis (m)
rom (en)	['rɔm]	Rum (m)
rova (en)	['rʊva]	Rübe (f)
russin (ett)	['rusin]	Rosinen (pl)
sås (en)	['soːs]	Soße (f)
söt	['søːt]	süß
saffran (en)	['safran]	Safran (m)
sallad (en)	['salʲad]	Kopf Salat (m)
sallad (en)	['salʲad]	Salat (m)
salt	['salʲt]	salzig
salt (ett)	['salʲt]	Salz (n)

sardin (en)	[saː'ɖiːn]	Sardine (f)
selleri (en)	['sɛlʲeri]	Sellerie (m)
senap (en)	['seːnap]	Senf (m)
servitör (en)	[sɛrvi'tøːr]	Kellner (m)
servitris (en)	[sɛrvi'tris]	Kellnerin (f)
sesam (en)	['sesam]	Sesam (m)
sill (en)	['silʲ]	Hering (m)
skal (ett)	['skalʲ]	Schale (f)
sked (en)	['ɧed]	Löffel (m)
skinka (en)	['ɧiŋka]	Schinken (m)
skinka (en)	['ɧiŋka]	Räucherschinken (m)
skiva (en)	['ɧiva]	Scheibchen (n)
skogssmultron (ett)	['skʊgs‚smulʲtrɔːn]	Walderdbeere (f)
småkakor (pl)	['smoːkakʊr]	Keks (m, n)
smör (ett)	['smœːr]	Butter (f)
smörgås (en)	['smœr‚goːs]	belegtes Brot (n)
smak (en)	['smak]	Geschmack (m)
Smaklig måltid!	['smaklig 'moːlʲtid]	Guten Appetit!
smula (en)	['smʉlʲa]	Krümel (m)
snabbkaffe (ett)	['snab‚kafə]	Pulverkaffee (m)
socker (ett)	['sɔkər]	Zucker (m)
soja (en)	['sɔja]	Sojabohne (f)
solrosolja (en)	['sʊlʲrʊs‚ɔlja]	Sonnenblumenöl (n)
soppa (en)	['sɔpa]	Suppe (f)
spagetti	[spa'gɛti]	Spaghetti (pl)
spannmål (ett)	['span‚moːlʲ]	Getreidepflanzen (pl)
sparris (en)	['sparis]	Spargel (m)
spenat (en)	[spe'nat]	Spinat (m)
squash, zucchini (en)	['skvɔːɕ], [su'kini]	Zucchini (f)
stör (en)	['støːr]	Störfleisch (n)
stekt	['stɛkt]	gebraten
stekt ägg (en)	['stɛkt ‚ɛg]	Spiegelei (n)
stensopp (en)	['sten‚sɔp]	Steinpilz (m)
svamp (en)	['svamp]	Pilz (m)
svart kaffe (ett)	['svaːʈ 'kafə]	schwarzer Kaffee (m)
svart te (ett)	['svaːʈ ‚teː]	schwarzer Tee (m)
svarta vinbär (ett)	['svaːʈa 'vinbæːr]	schwarze Johannisbeere (f)
svartpeppar (en)	['svaːʈ‚pɛpar]	schwarzer Pfeffer (m)
sylt (en)	['sylʲt]	Konfitüre (f)
sylt, marmelad (en)	['sylʲt], [marme'lʲad]	Marmelade (f)
sylt-	['sylʲt-]	mariniert
tårta (en)	['toːʈa]	Torte (f)
tallrik (en)	['talʲrik]	Teller (m)
tandpetare (en)	['tand‚petarə]	Zahnstocher (m)
te (ett)	['teː]	Tee (m)
tefat (ett)	['te‚fat]	Untertasse (f)
tesked (en)	['te‚ɧed]	Teelöffel (m)
tillbehör (ett)	['tilʲbe‚hør]	Beilage (f)
tomat (en)	[tʊ'mat]	Tomate (f)
tomatjuice (en)	[tʊ'mat‚juːs]	Tomatensaft (m)
tonfisk (en)	['tʊn‚fisk]	Tunfisch (m)

torkad	['tɔrkad]	getrocknet
torsk (en)	['tɔːʂk]	Dorsch (m)
tranbär (ett)	['tranˌbæːr]	Moosbeere (f)
tuggummi (ett)	['tugˌgumi]	Kaugummi (m, n)
tunga (en)	['tuŋa]	Zunge (f)
våffle (en)	['vɔflʲe]	Waffeln (pl)
valnöt (en)	['valʲˌnøːt]	Walnuss (f)
vatten (ett)	['vatən]	Wasser (n)
vattenmelon (en)	['vatənˌme'lʲʊn]	Wassermelone (f)
vegetabilisk olja (en)	[vegeta'bilisk 'ɔlja]	Pflanzenöl (n)
vegetarian (en)	[vegetiri'an]	Vegetarier (m)
vegetarisk	[vege'tarisk]	vegetarisch
vermouth (en)	['vɛrmut]	Wermut (m)
vete (ett)	['vetə]	Weizen (m)
vilt (ett)	['vilʲt]	Wild (n)
vin (ett)	['vin]	Wein (m)
vinglas (ett)	['vinˌglʲas]	Weinglas (n)
vinlista (en)	['vinˌlista]	Weinkarte (f)
vitamin (ett)	[vita'min]	Vitamin (n)
vitlök (en)	['vitˌlʲøːk]	Knoblauch (m)
vitvin (ett)	['vitˌvin]	Weißwein (m)
vodka (en)	['vodka]	Wodka (m)
whisky (en)	['viski]	Whisky (m)
wienerkorv (en)	['viŋɛrˌkɔrv]	Würstchen (n)
yoghurt (en)	['joːgɵːt]	Joghurt (m, f)